יְסוֹדוֹת הַדִּקְדּוּק הָעִבְרִי

FUNDAMENTALS
of
HEBREW GRAMMAR

Reuben Wallenrod, Ph.D.
Abraham Aaroni, M.S.

Shilo Publishing House, Inc.
New York, N.Y. 10002

PREFACE

There are many students of Hebrew who have acquired an extensive vocabulary but who fear to attempt the reading of a Hebrew book because they do not know the grammatical forms well enough. A short, well-graded grammar should give them both the necessary knowledge and the confidence that follows from it.

There are many adults who studied Hebrew during their youth, but whose study was no more than unsystematic translation of passages in old or modern Hebrew. Their grasp of the language has therefore remained desultory and passive.

Most hitherto published textbooks have been either treatises designed for scholars or mere collections of Hebrew stories with rules casually scattered here and there. A systematic but relatively simple exposition of the grammar, with a stress, naturally, on modern usage, should be of great help to the student who wants to speak and write Hebrew.

The obsolete forms have either been omitted or relegated to special chapters at the end of the book. Modern usage has been preferred to the old. Each lesson has been limited to one essential problem, and ample opportunity for practice and drill have been provided.

R. W.
A. A.

חֵלֶק רִאשׁוֹן

תֹּכֶן הָעִנְיָנִים

חֵלֶק ראשון

PART ONE

הָאָלֶף בֵּית

THE ALPHABET.

Numerical value	Ashkenazic pronunciation	Sephardic pronunciation	Transcription	Name	Written form	Printed form
1	Silent	Silent	'	'Aleph	א	א
2	b	b	b	Beth	בּ	בּ
	v	v	bh	Bheth	ב	ב
3	g	g (go)	g, gh	Gimmel	ג גּ	גּ־ג
4	d	d	d, dh	Daleth	ד דּ	דּ־ד
5	h	h (he)	h	Hē	ה	ה
6	v	v	w	Waw	ו	ו
7	z	z	z	Zayin	ז	ז
8	ch	ch (noch in German)	ḥ	Ḥeth	ח	ח
9	t	t	ṭ	Ṭeth	ט	ט
10	y	y(yes)	y	Yod	י	י
20	k	k	k	Kaph	ך כּ	כּ ך
	kh	kh (softer than ח)	kh	Khaph	ך כ	כ ך

Numerical value	Ashkenazic pronunciation	Sephardic pronunciation	Transcription	Name	Written form	Printed form
30	l	l	l	Lamed	ל	ל
40	m	m	m	Mem	ם מ	ם מ
50	n	n	n	Nun	ן נ	ן נ
60	s	s	s	Samekh	ס	ס
70	Silent	silent (slightly guttural)	ʻ	ʻAyin	ע	ע
80	p	p	p	Pē	פּ	פּ
	f	f	f	Phē	ף פ	ף פ
90	ts	ts	ṣ	Ṣade	ץ צ	ץ צ
100	q	q	q	Qof	ק	ק
200	r	r	r	Resh	ר	ר
300	sh	sh	š, sh	Shin	שׁ	שׁ
	s	s	s, s	Sin	שׂ	שׂ
400	t	t	t	Taw	תּ	תּ
	s	t	th	Thaw	ת	ת

הַתְּנוּעוֹת

THE VOWELS

Remarks	Ashkenazic pronunciation	Sephardic pronunciation	Form	NAME	
	like *o* in shore	like *a* in father	ָ	Qamaṣ Gadol	קָמַץ גָּדוֹל
	like *a* in late	like *e* in bet. Lately the tendency has been to pronounce the Ṣere in Sephardic as in Ashkenazic.	ֵ	Ṣere	צֵירֶה
	same as in Sephardic	like *i* in police	ִי	Ḥiriq Gadol	חִירִק גָּדוֹל
	like *oa* in roam	like *o* in bore	וֹ	Ḥolam	חוֹלָם
	same as Sephardic	like *oo* in moon	וּ	Shooruq	שׁוּרֻק
•		like *a* in bard	ַ	Pataḥ	פַּתָּח
•		like *e* in met	ֶ	Seghol	סֶגֹּל
•		like *i* in bit	ִ	Ḥirik Qaṭan	חִירִיק קָטָן
Qamaṣ in a closed unaccented	•	like *o* in born	ָ	Qamaṣ Qaṭan	קָמַץ קָטָן

Remarks	Ashkenazic pronunciation	Sephardic pronunciation	Form	NAME	
syllable is a Qamas Qaṭan: אָזְ־נִי חָכְ־מָה Qamas in an open unaccent-ed syllable or in a closed accented one is a Qamas Gadol: בָּ־רָא אַבְ־רָ־הָם					
	same as Sephardic	like *u* in full	◌ֻ	Quboos	קִבּוּץ
	•	at the beginning of a syllable like the first *e* in believe; at end of syllable silent.	◌ְ	Shewa	שְׁוָא
	•	Slightly shorter than Qamas Qaṭan	◌ֳ	Hataph Qamas	חֲטַף קָמַץ
	•	Slightly shorter than Pataḥ.	◌ֲ	Hataph Pataḥ	חֲטַף פַּתַח
	•	Slightly shorter than Seghol.	◌ֱ	Hataph Seghol	חֲטַף סֶגֹּל

תַּרְגִּילֵי קְרִיאָה

READING EXERCISES

אִ אַ אִי אֵ בֶּ בּוּ בּוֹ בֹּ בָּ בַּ בִּי בְּ גֵּי גֵּ גֶּ גוּ

גֹ דוּ דֱ הָ הַ וִי וִ וֶ זוּ זֹ חָ חַ חֶ טוּ טֱ יִ יַ יֱ

כֵּ כֶּ כּוּ כָ כַ לִי לְ מֵי מֵ נֶ נוּ נֹ סוּ סְ עָ עֶ עַ

עַ עֶ פָּ פַּ פֵּי פּוּ פָּ פֵּ פֶּ צָ צַ צִי צִ קֵן קֵן קִ

רֶ רוּ רֹ שׁוּ שְׁ שָׁ שַׁ שִׁי תֵּי תֶּ תוּ תְּ.

◌ָ לָמַד, יָשַׁב, כָּתַב, עָמַד, קָרָא, בָּא, שָׁמַע, גָּמַר, סָגַר, שָׁלוֹם.

◌ֵ לוֹמֵד, יוֹשֵׁב, כּוֹתֵב, עוֹמֵד, קוֹרֵא, שׁוֹמֵעַ, כֵּן.

◌ִי שִׁיר, עִיר, מִי, מִין, הִיא, קִיר, אִישׁ, תַּלְמִיד, תַּלְמִידָה.

וֹ אוֹ, לֹא, לוֹ, דּוֹד, טוֹב, אוֹר, זֹאת, לוֹמֵד, יוֹשֵׁב, כּוֹתֵב, עוֹמֵד, קוֹרֵא.

וּ הוּא, כָּתוּב, סָגוּר, גָּמוּר, קָרוּא.

◌ַ אַל, עַל, מַה, חַלּוֹן, תַּלְמִיד, תַּלְמִידָה, יָשַׁב, כָּתַב, גָּמַר, לָמַד, שָׁמַע.

◌ֶ זֶה, שֶׁל, מֶה, דֶּלֶת, יֶלֶד, חֶדֶר, סֵפֶר, מַחְבֶּרֶת, יוֹשֶׁבֶת, כּוֹתֶבֶת, עוֹמֶדֶת.

◌ִ סִפּוּר, מִן, עִבְרִי, אִשָּׁה, מִלָּה.

◌ָ קָמָץ אָזְנִי, חָדְשִׁי, כָּתְלִי, עָמְדִי, אָכְלִי.

◌ֻ כֻּלִּי, כֻּלּוֹ, כֻּלָּהּ, כֻּלְּכֶם, כֻּלָּנוּ, כֻּלָּם.

ְ נָע סְפָרִים, יְלָדִים, שְׁאֵלוֹת, תְּשׁוּבוֹת, תְּמוּנוֹת, פְּרָחִים, לְךָ.

ְ נָח תַּלְמִיד, תַּלְמִידָה, מַחְבֶּרֶת, יַלְדָּה, עִבְרִי, סִפְרִי, עִבְרִית.

ֳ חֳדָשִׁים, צִפֳּרִים, אֳנִיָּה, צָהֳרַיִם.

ֲ אֲנִי, אֲנַחְנוּ, עֲבוֹדָה, חֲתֻנָּה, אֲרוּחָה, אֲרוּחַת־בֹּקֶר, חֲלוֹם, חֲמִשָּׁה.

ֱ אֱמֶת, אֱסֹף, אֱהֹב, אֱכֹל.

צְבִי, רְאוּבֵן, שִׁמְעוֹן, שְׁלֹמֹה, שְׁמוּאֵל, יוֹנָה, עֶזְרָא, אַבְרָהָם, יִצְחָק, יַעֲקֹב, נָתָן, לֵוִי, יִשְׂרָאֵל, עָמוֹס, יְהוּדָה, יְהוֹשֻׁעַ, בִּנְיָמִין, גָּד, דָּן, דֹּב, חַיִּים, דָּוִד, משֶׁה, אַהֲרֹן, דִּינָה, צִפּוֹרָה, רוּת, רָחֵל, שׁוֹשַׁנָּה, שׁוּלַמִּית, חַנָּה, שָׂרָה, רִבְקָה, לֵאָה, מַלְכָּה, מִרְיָם, חַיָּה, דְּבוֹרָה, אֶסְתֵּר, בַּתְיָה.

יְרוּשָׁלַיִם, תֵּל־אָבִיב, עֵין חֲרוֹד, חֵיפָה, בֵּית לֶחֶם, בֵּית אֵל.

נִיסָן, אִיָּר, סִיוָן, תַּמּוּז, אָב, אֱלוּל, תִּשְׁרֵי, חֶשְׁוָן, כִּסְלֵו, טֵבֵת, שְׁבָט, אֲדָר.

פֶּסַח, שָׁבוּעוֹת, רֹאשׁ הַשָּׁנָה, יוֹם הַכִּפּוּרִים, סֻכּוֹת, שִׂמְחַת תּוֹרָה, חֲנֻכָּה, פּוּרִים.

HEBREW READING AND PRONUNCIATION

A Consonants

1. The Hebrew alphabet consists of twenty two consonants.

2. Six consonants have a double pronunciation: בּ—ב; גּ—ג; דּ—ד; כּ—כ; פּ—פ; תּ—ת: גַּן—חַג; בַּיִת—טוֹב; מָצָאתָ—אַתָּה; סִפֵּר—סָפַר; אָכַל—כָּל

In modern Sephardic pronunciation these differences have been retained only in the letters: בּ־ב; כּ־כ; פּ־פ

3. Five consonants take special forms at the end of words: כ—ך; מ־ם; נ—ן; פ—ף; צ—ץ

4. The consonants י, ו, ה, א may serve for a partial expression of vowels: יָד—לִי; וָו—לוֹ; הַר—יַלְדָּה אַתָּה—מָצָאתָ

These letters are therefore called vowel-letters.

B Vowel Signs

The vowel-letters are insufficient for the exact determination of the pronunciation of words. Thus the words פועל may be pronounced poel, pual, puel, puol, etc. When Hebrew ceased to be a spoken language a need for a standard vocalization was keenly felt. At about the sixth and seventh centuries C. E. several systems of vowels were gradually developed by Jewish grammarians, and after some time the present system of signs designating the vowels was accepted.

C Long and Short Vowels

Short vowels: תְּנוּעוֹת קְטַנּוֹת: Long vowels: תְּנוּעוֹת גְּדוֹלוֹת:

ַ פַּתַּח	ָ קָמַץ גָּדוֹל
ָ קָמַץ קָטָן	ו חוֹלָם
ֶ סֶגּוֹל	ֵ צֵירֶה
ֻ קִבּוּץ	וּ שׁוּרֶק
ִ חִירֶק קָטָן	ִי חִירֶק גָּדוֹל

1. This traditional arrangement by the Jewish grammarians of the Middle Ages into five long and five short vowels has been very convenient for the systematization of Hebrew vocalization. Lately, with the advent of scientific grammar, this classification has been questioned. In this practical grammar, however, we will follow, in the main, the old classification with some deviations and reservations.

2. We shall have frequent references throughout the book to the terms *primary long vowels* and *tone long vowels*. The primary long vowels are the vowels formed in the early stage of the development of the language. These vowels do not change in inflections and conjugations and most of them could be distinguished by the vowel letters. Thus the vowels in the words חֵיק, סוּם, בּוֹר, שִׁיר are primary long vowels. The tone long vowels have been formed at a later stage because of changes in accentuation. These tone long vowels may often be distinguished by the absence of vowel letters and will be discussed later as the occasion arises. But whenever long and short vowels without specification are referred to in this book, the traditional classification into five long and five short vowels should be kept in mind, as it is simple, convenient and practically sufficient.

D Shewa

1. Besides the vowels there is a sign (:) called shewa.

2. When the sign appears at the beginning of a syllable, as in שְׁמַע, it indicates a weak sound like the *e* in believe, and it must be pronounced together with the following syllable. It is called שְׁוָא נָע (vocal shewa, or sounded shewa).

3. When the shewa ends the syllable, as in יִצְ־חָק it has no vowel value at all, and its consonant is joined to the preceding vowel. This is referred to as שְׁוָא נָח (quiescent shewa).

4. At the end of a word the shewa is not written except under the letter ךְ—לָךְ, the letter תְ—אַתְּ, and other letters in some rare instances when a word ends in two consonants נֵרְדְּ

E The Composite Shewaim

1. The vowelless guttural consonants ע, ח, ה, א cannot be pronounced distinctly. Thus the word עְבוֹדָה would be pronounced *voda*; אְמֶת would be pronounced *met*; אְנִיָּה would be pronunced *nia,* and essential root lètters would then be omitted. In most of these cases the shewaim take auxiliary vowels called חֲטָפִים and are considered to be somewhat like semi-vowels: אֲנִיָּה, אֱמֶת, עֲבוֹדָה

2. There are three חֲטָפִים: חֲטַף־פַּתַּח ֲ; חֲטַף־סֶגּוֹל ֱ; חֲטַף־קָמַץ ֳ.

3. In the Bible there are to be found חֲטָפִים also under non-

omer - 1/10 ephah = 2 qts, barley
1/4 hin = .8 liter (app. 1qt)

Shalom

23

9-14
15-17
B 1. Torah p621 24;
1-4

2. Ba Midbar

~~p661~~ ① - KM - 1-4 p655 48-50
52-54
me ② from 48-54 (pr)
③ p. 667 - 32-34 - Avrgayel

3 Grammar

June 9th - Ruby Honor
Federation

June 8th b'day Sept 27

guttural letters. In modern Hebrew these חֲטָפִים are usually omitted: הַלְלוּ instead of הַלֲלוּ; קִלְלָתְךָ instead of קִלֲלָתְךָ.

4. In syllabication a חֲטַף should be considered like a vocal shewa.

F Furtive Pataḥ

The letters ה, ח, ע at the end of a word following a long vowel are provided with the furtive pataḥ, פַּתַּח גְּנוּבָה which is sounded before its consonant. The furtive patah makes these gutturals audible: נוֹגֵעַ; רוּחַ; גָּבֹהַּ

G Daghesh

1. Some letters have a point inside, called daghesh דָּגֵשׁ (See A 2).

2. The daghesh may indicate that the consonant in which it occurs has been doubled and should be so pronounced הַס־סֵפֶר—הַסֵּפֶר

The daghesh used for this purpose may occur in all letters except the gutturals ע, ח, ה, א and the ר which cannot be doubled in pronunciation. This daghesh is called דָּגֵשׁ חָזָק—daghesh forte.

3. The daghesh may be inserted in the letters בגד כפת to indicate the difference between the spirant and aspirate sounds in these six letters: בַּיִת, יִשְׁבֹּר, שָׁבַר, כֹּל, וְכֹל. This daghesh is called דָּגֵשׁ קַל—daghesh lene.

4. The functions of the daghesh will be discussed in detail in lesson XXVIII.

For the use of the daghesh in the first lessons we will limit ourselves to the statement that the daghesh forte appears usually after a short unaccented vowel in all but the guttural letters, and that the daghesh lene occurs in the six aforementioned letters at the beginning of a word or after a quiescent shewa (The vocal shewa is never followed by a daghesh).

5. The student should not confuse the point that occurs in a הּ with the daghesh. This is called מַפִּיק and serves to differentiate between a ה as a vowel letter and a הּ that is a consonant and should be pronounced: סוּסָה—susa—a mare, but סוּסָהּ—susah—her horse.

H Open and Closed Syllables

1. The Hebrew syllables are of two kinds: open syllables and closed syllables.

2. The open syllables are those which end in a vowel: מָ־צָא־תָ, בָּ־רָא, בָּא, בָּא־תִי

3. The closed syllables are those which end in a vowelless consonant (with or without a quiescent shewa): מִזְ־מוֹר ;יִצְ־חָק

The daghesh forte closes the preceding syllable: גִּבְ־בּוֹר—גִּבּוֹר ;כַּדְ־דּוּר—כַּדּוּר

4. For the beginner who finds difficulties in syllabication because of the distinction between a vocal shewa and a quiescent shewa, the following mnemonic signs given by a grammarian of the Middle Ages are recommended.

The following shewaim are vocal and therefore begin the syllable:

א a) Meaning first- the shewa of the first letter in a word: שְׁמַע, שְׁוְא

בּ b) Meaning second- the second shewa in the middle of a word: יִכְ־תְּבוּ

גּ c) Meaning the initial of the word גְּדוֹלָה i. e., after a תְּנוּעָה גְּדוֹלָה (long vowel)— כָּ־תְבָה ; יוֹ־שְׁבִים

ד d) The initial of the word דָּגֵשׁ i. e. a shewa occurring under a letter with a daghesh forte דִּ־בְּרוּ (which follows rule No. 3, for that word should really be read דִּבְ־בְּרוּ)

5. The distinction between an open and a closed syllable is very important in Hebrew vocalization as will be seen later. Meanwhile we will state the two most important rules to be followed:

a) The vowel of a closed syllable is short. In an accented closed syllable, it may be long: כַּדְ־דוּר—כַּדּוּר ; מִנְ־מוֹר

b) The vowel of an open syllable is long: כָּ־תַב ; מָ־צָא

In an accented open syllable it is sometimes short: נַ־עַר, רֶ־גֶל

I The Accent

1. The accent in the Hebrew language is placed either on the last syllable of the word or on the syllable before the last. In the first case, which is the most frequent, the accent is called מִלְרַע (below); in the latter, which is less frequent, it is called מִלְעֵיל (above).

2. When the accent is known, the קָמַץ קָטָן may be easily recognized. As stated previously the vowel of an unaccented closed syllable must be short. Therefore, the קָמַץ in words like אָנְ־נִי, חָכְ־מָה cannot be long, for אָנְ and חָכְ are closed unaccented syllables.

3. For the accent in detail see Lesson 36 (p. 259)

שִׁעוּר רִאשׁוֹן

LESSON ONE

THE DEFINITE ARTICLE — ה׳ הַיְדִיעָה

1. מוֹרֶה—הַמּוֹרֶה the teacher
2. לוּחַ—הַלּוּחַ the blackboard
3. אִישׁ—הָאִישׁ the man
4. אִשָּׁה—הָאִשָּׁה the woman
5. עֵט—הָעֵט the pen
6. עִפָּרוֹן—הָעִפָּרוֹן the pencil
7. רֹאשׁ—הָרֹאשׁ the head
8. חָכָם—הֶחָכָם the wise man
9. עָשִׁיר—הֶעָשִׁיר the rich man
10. הָרִים—הֶהָרִים the mountains
11. חָכְמָה—הַחָכְמָה the wisdom
12. עָרְמָה—הָעָרְמָה the cunning

1. The definite article is expressed by the prefix ה מוֹרֶה—*a* teacher, הַמּוֹרֶה—*the* teacher.

2. The vocalization of this prefix is generally pataḥ, הַמּוֹרֶה ,הַ

3. The letter following the definite article is strengthened, i.e. takes a daghesh הַמּוֹרֶה ,הַלּוּחַ

4. The definite article preceding words which begin with אער is vocalized with qamaṣ, הָ ,הָאִישׁ ,הָעֵט (Ill. 3—7). [1]

5. Before the sounds עָ ,חָ ,הָ the definite article is vocalized with seghol, הֶ ,הֶחָכָם (Ill. 8—10). [2]

---

[1] הָהֵם, הָהֵן — those, take a קָמַץ before ה

[2] Before an accented syllable beginning with עָ or הָ, the definite article remains הָ: הָהָר, הָעָב

6. There is no indefinite article in the Hebrew language: מוֹרֶה—teacher, a teacher, אִישׁ—man, a man.

7. Before a Qamaṣ Qaṭan the definite article retains its original vowel: Pataḥ before the letter ח, הַחָכְמָה and Qamaṣ before the letter ע, הָעָרְמָה

תַּרְגִּילִים

Supply the definite article: **א. כְּתֹב אֶת ה׳ הַיְדִיעָה:**

1. אִישׁ	5. נְיָר	9. הָרִים	13. רַבִּי
2. אִשָּׁה	6. לוּחַ	10. חָכָם	14. חָבֵר
3. סֵפֶר	7. תַּלְמִיד	11. חָכְמָה	15. חֲכָמָה
4. עִתּוֹן	8. חֶדֶר	12. עָרְמָה	16. עָנִי

Translate into Hebrew: **ב. תַּרְגֵּם לְעִבְרִית:**

A man, the man, a teacher, the teacher, a head, the head, a pen, the pen, a woman, the woman, blackboard, the blackboard, a blackboard, book, the book.

שִׁעוּר שֵׁנִי

LESSON TWO

GENDER מִין

Feminine—נְקֵבָה			Masculine—זָכָר		
a student	תַּלְמִידָה	.5	a student	תַּלְמִיד	.1
a woman	אִשָּׁה	.6	a man	אִישׁ	.2
a teacher	מוֹרָה	.7	a teacher	מוֹרֶה	.3
a notebook	מַחְבֶּרֶת	.8	a book	סֵפֶר	.4
Jerusalem	יְרוּשָׁלַיִם	.9			
Israel	אֶרֶץ יִשְׂרָאֵל	.10			
a foot	רֶגֶל	.11			
a hand	יָד	.12			

1. There are two genders in the Hebrew language, the masculine (Ill. 1—4) and the feminine. (Ill. 5—12).

2. Nouns ending in ָה or ת [1] in the singular are feminine (Ill. 5—8); all others are generally masculine: סֵפֶר (m), מַחְבֶּרֶת (f), תְּמוּנָה (f).

3. Names of cities and countries are always feminine. (Ill. 9—10).

---

(1) The frequently used noun בַּיִת—house is masculine.

4. Organs of the body which come in pairs are feminine (Ill. 11—12).

תַּרְגִּילִים

Identify the gender: א. צַיֵּן אֶת הַמִּין:

1. אִישׁ 2. תַּלְמִיד 3. מוֹרֶה 4. מוֹרָה 5. תַּלְמִידָה

6. בַּיִת 7. מַחְבֶּרֶת 8. אֶרֶץ יִשְׂרָאֵל 9. אָמֶרִיקָה

10. קַנָדָה 11. נְיוּ־יוֹרְק 12. נַעֲרָה 13. נַעַר 14. עַט

15. בֵּית הַסֵּפֶר

שִׁעוּר שְׁלִישִׁי

LESSON THREE

The Adjective — הַתֹּאַר

1. תַּלְמִיד טוֹב
A good student

2. סֵפֶר יָפֶה **A beautiful book**

3. לוּחַ גָּדוֹל
A large blackboard

4. הַלּוּחַ גָּדוֹל.
The blackboard is large.

5. הַתַּלְמִיד טוֹב.
The student is good.

6. הַסֵּפֶר יָפֶה.
The book is beautiful.

7. תַּלְמִידָה טוֹבָה
A good student

8. מַחְבֶּרֶת יָפָה
A beautiful notebook

9. תְּמוּנָה גְּדוֹלָה
A large picture

10. הַלּוּחַ הַגָּדוֹל
The big blackboard

11. הַתַּלְמִיד הַטּוֹב
The good student

12. הַסֵּפֶר הַיָּפֶה
The beautiful book

1. The adjective generally follows the noun (Ill. 1—6).

2. The adjective must always agree with the noun in gender and number (Ill. 1—12).

3. The ending of the adjective in the feminine singular is usually ָה : יָפָה, טוֹבָה (Ill. 7—9).

4. If the noun is definite, the following adjective must also be definite (Ill. 10—12).

5. If the noun is definite and the following adjective is indefinite, the adjective becomes a predicate:

a good student—תַּלְמִיד טוֹב

the good student—הַתַּלְמִיד הַטּוֹב

the student *is good*—הַתַּלְמִיד טוֹב

תַּרְגִּילִים

א. כְּתֹב בִּנְקֵבָה: Write the feminine of the following:

1. טוֹב 2. יָפֶה 3. גָּבֹהַּ 4. קָטָן 5. גָּדוֹל

ב. הוֹסֵף תֹּאַר לְכָל שֵׁם: Add an adjective to every noun:

1. תְּמוּנָה 2. אִישׁ 3. קִיר 4. לוּחַ 5 נַעֲרָה 6. תַּלְמִידָה
7. מַחְבֶּרֶת 8. מוֹרֶה 9. יֶלֶד 10. כִּסֵּא

ג. תַּרְגֵּם לְעִבְרִית: Translate into Hebrew:

1. The woman is beautiful.
2. The notebook is large.
3. The beautiful picture is on the wall.
4. A very beautiful pen is on the table.
5. The beautiful pen.
6. The blackboard is small.
7. The student (m) is good.
8. The good student (f).
9. This is a beautiful book.
10. New York is beautiful.

שִׁעוּר רְבִיעִי

LESSON FOUR

I

The Pronouns—שְׁמוֹת הַגּוּף

Plural—רַבִּים				Singular—יָחִיד			
You (f)	אַתֶּן	We	אֲנַחְנוּ	You (f)	אַתְּ	I	אֲנִי
They (m)	הֵם	You (m)	אַתֶּם	He	הוּא	You (m)	אַתָּה
They (f)	הֵן			She	הִיא		

1. Personal pronouns in the nominative case are listed above.

2. Note that the first person pronouns, both singular and plural, are the same in the feminine and in the masculine: We—אֲנַחְנוּ, I—אֲנִי

II

The Plural—רַבִּים

נְקֵבָה	זָכָר
4. תַּלְמִידָה – תַּלְמִידוֹת	1. תַּלְמִיד – תַּלְמִידִים
5. מוֹרָה – מוֹרוֹת	2. סִפּוּר – סִפּוּרִים
6. מַחְבֶּרֶת – מַחְבָּרוֹת	3. שִׁעוּר – שִׁעוּרִים

1. The plural of masculine nouns and adjectives is generally formed by adding the suffix ִים to the singular: תַּלְמִיד—תַּלְמִידִים (Ill. 1—3).

2. The plural of feminine nouns and adjectives is generally formed by dropping the endings ָה or ת and

adding the suffix וֹת: מוֹרֶה—מוֹרוֹת, מַחְבֶּרֶת—מַחְבָּרוֹת (Ill. 4—6). [1]

3. Many nouns are exceptions to this rule. Note, therefore, the plural form of each substantive as given in the vocabulary.

4. The gender of any noun is determined by its singular form.

III

Demonstratives—כִּנּוּיִים רוֹמְזִים

	רַבִּים		יָחִיד
these	אֵלֶּה, הָאֵלֶּה	this (m)	זֶה, הַזֶּה
those (m)	הֵם, הָהֵם	this (f)	זֹאת, הַזֹּאת
those (f)	הֵן, הָהֵן	that (m)	הוּא, הַהוּא
		that (f)	הִיא, הַהִיא

1. The demonstratives are used both as adjectives and as pronouns:

a) This man—הָאִישׁ הַזֶּה

b) This is a man—זֶה אִישׁ

2. Demonstratives used as adjectives are treated the same way as any ordinary adjective: Those stories—הַסִּפּוּרִים הָהֵם

3. With another adjective, the demonstrative is placed last: This good student—הַתַּלְמִיד הַטּוֹב הַזֶּה

4. When used predicatively, the demonstratives are pronouns:

1. This is a man—זֶה אִישׁ

2. This is a woman—זֹאת אִשָּׁה

תַּרְגִּילִים

א. כְּתֹב בְּרַבִּים: Write the plural of the following:

1. מוֹרֶה 2. תַּרְגִּיל 3. מוֹרָה 4. מַחְבֶּרֶת 5. תַּלְמִיד

6. אַתָּה 7. אַתְּ 8. הוּא 9. הִיא 10. אֲנִי 11. יָפֶה 12. טוֹב

13. חַם 14. טוֹבָה 15. גְּדוֹלָה

ב. כְּתֹב בְּיָחִיד: Write the singular of the following:

1. הַסִּפּוּרִים הָאֵלֶּה
2. הַתְּמוּנוֹת הָאֵלֶּה
3. הַמַּחְבָּרוֹת הָהֵן
4. הַתַּלְמִידוֹת הַיָּפוֹת
5. הַתַּלְמִידִים טוֹבִים.
6. אֲנַחְנוּ בַּחֶדֶר.
7. אַתֶּם בַּחֶדֶר.
8. הֵם בַּבַּיִת.
9. אַתֶּן יָפוֹת.
10. מוֹרוֹת טוֹבוֹת.

ג. תַּרְגֵּם לְעִבְרִית:

1. We are in the room.
2. She is in the room.
3. Two pictures are on the wall.
4. Two students (m) are writing.
5. They (f) are home.
6. This is a beautiful book.
7. These students (m) are good.
8. These teachers (f) are good.
9. These stories are beautiful.
10. That man is tall.

שִׁעוּר חֲמִשִּׁי

LESSON FIVE

The Preposition—בְּ—אוֹת הַיַּחַס

He lives *in* a beautiful house. .1 הוּא יוֹשֵׁב בְּבַיִת יָפֶה.

He studies *in* a good school. .2 הוּא לוֹמֵד בְּבֵית סֵפֶר טוֹב.

I write *with* chalk. .3 אֲנִי כּוֹתֵב בְּגִיר.

He writes *in* two notebooks. .4 הוּא כּוֹתֵב בִּשְׁתֵּי מַחְבָּרוֹת.

He reads books. .5 הוּא קוֹרֵא בִּסְפָרִים.

.6 הַתַּלְמִיד כּוֹתֵב בְּהַגִּיר—בַּגִּיר.

The student writes *with the* chalk.

.7 הַתַּלְמִיד כּוֹתֵב בְּהָעִפָּרוֹן—בָּעִפָּרוֹן.

The student writes *with the* pencil.

.8 יֵשׁ אֲנָשִׁים רַבִּים בְּהֶעָרִים—בֶּעָרִים.

There are many people *in the* cities.

.9 הֵם יוֹשְׁבִים בְּהַחֲדָרִים הָאֵלֶּה—בַּחֲדָרִים הָאֵלֶּה.

They live *in these rooms.*

1. The preposition בּ meaning *in* or *with*, is always prefixed to the following word: with chalk—בְּגִיר; in a room—בְּחֶדֶר (Ill.1—9).

2. The vocalization of בּ is ordinarily shewa בְּ, בְּגִיר (Ill. 1—3).

3. There is no daghesh after the preposition בּ when it is vocalized with a shewa (Ill. 1—3). See Introduction, G 5.

4. Before a shewa the בּ is vocalized with a ḥiriq בִּ, בִּסְפָרִים, בִּשְׁתֵּי, because it is difficult to pronounce two shewaim at the beginning of a syllable.

5. Before the gutturals vocalized by the חֲטָפִים, the בּ will take on the pure vowel of the respective חֲטָף, thus the vowel before a חֲטַף פַּתַּח will become a פַּתַּח, etc. (Ill.9).

6. The preposition בּ contracts with the definite article and thus takes on the vowel of the definite article: בְּהַגִּיר—בַּגִּיר (Ill. 6—8).

תַּרְגִּילִים

א. נַקֵּד אֶת הַמִּלִּים שֶׁבַּסּוֹגְרַיִם: Vocalize the words in the parentheses:

1. אֲנַחְנוּ יוֹשְׁבִים (בבית) גָּדוֹל. 2. (בבית) הַסֵּפֶר תַּלְמִידִים רַבִּים. 3. הַתַּלְמִיד כּוֹתֵב (בעפרון). 4. עַל הַלּוּחַ כּוֹתְבִים (בגיר). 5. (בתמונה) הַזֹּאת יֵשׁ פְּרָחִים. 6. הֵם יוֹשְׁבִים (בגן). 7. הוּא (בבית). 8. דָּוִד (בחדר). 9. אֲנַחְנוּ כּוֹתְבִים (בשתי) מַחְבָּרוֹת. 10. (בספרים) יֵשׁ סִפּוּרִים יָפִים.

ב. תַּרְגֵּם לְעִבְרִית:

1. David is writing in a notebook. 2. We live in a beautiful home. 3. The students are in the room. 4. He writes with chalk. 5. There are many people in this home.

שִׁעוּר שִׁשִּׁי

LESSON SIX

The Conjunction—ו *and*—ו׳ הַחִבּוּר

The house *and* the room	1. הַבַּיִת וְהַחֶדֶר
The blackboard *and* the wall	2. הַלּוּחַ וְהַקִּיר
One *and* two	3. אַחַת וּשְׁתַּיִם
Bread *and* meat	4. לֶחֶם וּבָשָׂר
A garden *and* flowers	5. גַּן וּפְרָחִים
A student *and* a teacher	6. תַּלְמִיד וּמוֹרֶה
David *and* Moses	7. דָּוִד וּמֹשֶׁה
Boys *and* girls	8. יְלָדִים וִילָדוֹת
Men *and* children	9. אֲנָשִׁים וִילָדִים
You *and* I	10. אַתָּה וַאֲנִי
They *and* we	11. הֵם וַאֲנַחְנוּ
Falsehood *and* truth	12. שֶׁקֶר וֶאֱמֶת
A rowboat *and* a steamer	13. סִירָה וָאֳנִיָּה
A hand *and* a foot	14. יָד וָרֶגֶל

1. The vocalization of the conjunction ו is ordinarily וְ, וְהַסֵּפֶר (Ill. 1—2).

2. Before a shewa and before the consonants בּ ו מ פ, the vowel becomes a שׁוּרֶק (Ill. 3—7).

3. Before the consonant yod vocalized by a shewa (יְ), the con-
junction is vocalized by a חִירִיק and the shewa under the yod is
eliminated: יְלָדִים—וִילָדִים (Ill. 8—9).

4. Before a חָטָף it takes on the pure vowel of the respective
חָטָף : אֲנִי—וַאֲנִי (Ill. 10—13),

5. Before an accented syllable in a pause, the conjunction
becomes וָ (Ill. 14).

תַּרְגִּילִים

א. Replace the dash by the correct form of the conjunction ו

1. בַּיִת — חֶדֶר. 2. הָאִישׁ — הָאִשָּׁה. 3. סֵפֶר — סִפּוּר.
4. אִשָּׁה—תְּמוּנָה. 5. גַּן—פְּרָחִים. 6. כֵּן—לֹא. 7. אִמָּא—אַבָּא.
8. הַתַּלְמִידִים לוֹמְדִים—קוֹרְאִים. 9. אַחַת—שְׁתַּיִם.
10. יְלָדִים—יְלָדוֹת.

ב. תַּרְגֵּם לְעִבְרִית:

1. Winter and spring.
2. Cold and warm.
3. A big boy and a little girl.
4. A beautiful book and a beautiful picture.
5. Boys and girls.
6. Women and men.
7. A good student (f) and a good teacher (m).
8. The student is good (m) and the teacher (m) is good.
9. I get up and put on my clothes.
10. I go to school and father goes to work.

שִׁעוּר שְׁבִיעִי

LESSON SEVEN

I

The Present Tense—זְמַן הֹוֶה

I *am writing*
I *write*
I *do write*
} on the blackboard 1. אֲנִי כּוֹתֵב עַל הַלּוּחַ

She *walks*
She *does walk*
She *is walking*
} to the park 2. הִיא הוֹלֶכֶת אֶל הַגַּן

The Present Tense of the Verb הַהֹוֶה שֶׁל הַפֹּעַל כתב

יָחִיד	רַבִּים
אֲנִי כּוֹתֵב (כּוֹתֶבֶת)	אֲנַחְנוּ כּוֹתְבִים (כּוֹתְבוֹת)
אַתָּה כּוֹתֵב	אַתֶּם כּוֹתְבִים
אַתְּ כּוֹתֶבֶת (כּוֹתְבָה)	אַתֶּן כּוֹתְבוֹת
הוּא כּוֹתֵב	הֵם כּוֹתְבִים
הִיא כּוֹתֶבֶת (כּוֹתְבָה)	הֵן כּוֹתְבוֹת

1. כתב–כּוֹתֵב	2. שמע–שׁוֹמֵעַ
כּוֹתֶבֶת (כּוֹתְבָה)	שׁוֹמַעַת (שׁוֹמְעָה)
כּוֹתְבִים	שׁוֹמְעִים
כּוֹתְבוֹת	שׁוֹמְעוֹת

1. All conjugations in the Hebrew language are based on an assumed three letter root (שֹׁרֶשׁ). The Hebrew word for verb is פֹּעַל, a three letter word. We, therefore, refer to the various root-letters of a verb, not by the number, namely first, second and third root-letters, but rather by the Hebrew letters: Pē-פּ, the first letter of the verb, Ayin-ע, the second letter and Lamed-ל, the third letter, respectively. Thus in the verb כּתב, the כּ is considered the Pē of the verb, i. e. פּ' הַפֹּעַל, the ת, the Ayin of the verb, i. e. ע' הַפֹּעַל, and the ב, the Lamed of the verb, i.e. ל' הַפֹּעַל

2. The present tense of the regular active verbs is formed by inserting the vowel (Ḥolam) between the first and the second root-letters (פּ' הַפֹּעַל, ע' הַפֹּעַל), while the second root-letter (ע' הַפֹּעַל) is vocalized with a ..(Ṣere): כּתב—כּוֹתֵב, ישב - יוֹשֵׁב

3. The feminine singular has the same ending as the feminine nouns ה—ָה—כּוֹתְבָה (Lesson 2), or more frequently ת—ֶ ֶת—כּוֹתֶבֶת, יוֹשֶׁבֶת

4. The masculine plural always ends in ים—כּוֹתְבִים, יוֹשְׁבִים

5. The feminine plural always ends in וֹת—כּוֹתְבוֹת, יוֹשְׁבוֹת

6. In verbs the ל׳ הַפֹּעַל (last root-letter) of which is one of the gutturals ע, ח, the singular masculine ends in the vowel _ Pataḥ under the ל׳ הַפֹּעַל, שמע—שׁוֹמֵעַ, while the feminine takes a pataḥ both under the ע׳ הַפֹּעַל and the ל׳ הַפֹּעַל: שמע—שׁוֹמַעַת. פתח—פּוֹתַחַת

II

The Use of the Negative — אַ י ן שִׁמּוּשׁ הַמִּלָּה

1. אֵין הַתַּלְמִיד כּוֹתֵב עַל הַלּוּחַ.

The student does not write on the blackboard.

2. אֵין הַמּוֹרֶה כּוֹתֵב בְּמַחְבֶּרֶת.

The teacher does not write in a notebook.

3. אֵין שָׂרָה שׁוֹמַעַת לַשִּׁעוּר.

Sarah does not listen to the lesson.

4. אֵין הַתַּלְמִידִים קוֹרְאִים. The students do not read.

1. The negative in the present tense is expressed by the word אֵין which precedes the subject:

The boy *does not* hear. אֵין הַנַּעַר שׁוֹמֵעַ.

The boy *does not* write. אֵין הַנַּעַר כּוֹתֵב.

תַּרְגִּילִים

א. הַטֵּה אֶת הַפְּעָלִים הַבָּאִים בְּהֹוֶה:

Conjugate the following verbs in the present:

1. ידע 2. עמד 3. ישב 4. למד 5. לקח

ב. Make the following sentences negative:

1. הַיֶּלֶד הוֹלֵךְ אֶל הַגַּן.
2. הַיְלָדִים כּוֹתְבִים בַּמַּחְבָּרוֹת.
3. דָּוִד הוֹלֵךְ אֶל הַבַּיִת.
4. הַתַּלְמִידִים קוֹרְאִים בִּסְפָרִים.
5. הַיְלָדִים לוֹמְדִים יָפֶה.
6. הַנְּיָר שָׁחוֹר.
7. הַגִּיר שָׁחוֹר.
8. הַלּוּחַ לָבָן.

ג. Supply the proper form of the verb as illustrated:

1. כתב: הוּא כּוֹתֵב. אֲנִי כּוֹתֵב. אַתְּ כּוֹתֶבֶת.
2. עמד: הִיא............ הֵם............ אַתֶּן............
3. ישב: אַתֶּם............ אַתָּה............ הֵן............
4. לקח: אַתְּ............ הִיא............ אֲנִי (f)............
5. הלך: אַתֶּם............ אַתְּ............ אֲנַחְנוּ............

ד. תַּרְגֵּם לְעִבְרִית:

1. He is writing. 2. She is taking. 3. We are listening. 4. They are walking. 5. David is standing. 6. Sarah is sitting. 7. She knows a beautiful story. 8. They write good stories. 9. The students (f) know many lessons. 10. We are taking two books.

שִׁעוּר שְׁמִינִי

LESSON EIGHT

The Preposition שִׁמּוּשׁ מִלַּת הַיַּחַס אֶל, ל

1. I am writing *to* David. 1. אֲנִי כּוֹתֵב אֶל דָּוִד–לְדָוִד.

2. הוּא מְדַבֵּר אֶל אַבְרָהָם–לְאַבְרָהָם.

2. He speaks *to* Abraham.

3. דָּוִד כּוֹתֵב אֶל הַמּוֹרֶה–לַמּוֹרֶה.

3. David is writing *to the* teacher.

4. הִיא מְדַבֶּרֶת אֶל הֶעָשִׁיר--לֶעָשִׁיר.

4. She is speaking *to the* rich man.

5. דָּוִד נוֹתֵן סֵפֶר אֶל רְאוּבֵן–לִרְאוּבֵן.

5. David gives a book *to* Reuben.

1. The preposition אֶל (to) is frequently contracted, becomes ל and is used as a prefix: To David—אֶל דָּוִד–לְדָוִד (Ill. 1—5).

2. The vocalization of ל follows the rules of the preposition בּ (See lesson V).

The Preposition ל with Pronominal Suffixes: ל בְּכִנּוּיִים:

רַבִּים		יָחִיד	
us, to us	לָנוּ	me, to me	לִי
you, to you (m)	לָכֶם	you, to you (m)	לְךָ
you, to you (f)	לָכֶן	you, to you (f)	לָךְ
them, to them (m)	לָהֶם	him, to him	לוֹ

them, to them (f) לָהֶן her, to her לָהּ

1. David gives *me* a book. .1 דָּוִד נוֹתֵן לִי סֵפֶר.

2. Sarah gives *them* a book. .2 שָׂרָה נוֹתֶנֶת לָהֶם סֵפֶר.

.3 הוּא שׁוֹאֵל שְׁאֵלָה וְהַמּוֹרֶה עוֹנֶה לוֹ.

3. He asks a question and the teacher answers *him.*

4. The man gives *us* a book. .4 הָאִישׁ נוֹתֵן לָנוּ סֵפֶר.

5. He gives *him* books. .5 הוּא נוֹתֵן לוֹ סְפָרִים.

6. He gives Simon a book. .6 הוּא נוֹתֵן סֵפֶר לְשִׁמְעוֹן.

.7 לָהּ הוּא כּוֹתֵב וְלִי אֵינוֹ כּוֹתֵב.

7. He writes *to her,* but he does not write *to me.*

1. The preposition ל with the pronominal endings becomes an indirect object pronoun and is used in the dative (Ill. 1–7).

2. These pronouns are used with the verb as indirect objects: I give you a book—אֲנִי נוֹתֵן לְךָ סֵפֶר

3. The indirect objects, like in English, ordinarily follow the verbs. For emphasis the order may be reversed (Ill. 7).[1]

4. ל with the pronominal endings is not used after verbs of direction. אֶל inflected is used for this purpose (see lesson XXIX). Thus: He is going to them—הוּא הוֹלֵךְ אֲלֵיהֶם and not לָהֶם

[1] For word order see lesson LXVII.

תַּרְגִּילִים

א. כְּתֹב בִּנְקֵבָה:

1. לְךָ 2. לוֹ 3. לָהֶם 4. לִי 5. לָכֶם

ב. כְּתֹב בְּרַבִּים:

1. לִי 2. לָהּ 3. לְךָ 4. לָךְ

ג. בִּמְקוֹם שֵׁם עֶצֶם כְּתֹב שֵׁם גּוּף:

Replace the noun by the correct pronoun:

1. אֲנִי נוֹתֵן תְּמוּנָה (לְדָוִד). 2. דָּוִד נוֹתֵן סֵפֶר (לְשָׂרָה). 3. הַמּוֹרֶה נוֹתֵן סְפָרִים רַבִּים (לְשָׂרָה וּלְדָוִד). 4. הַתַּלְמִיד אוֹמֵר שָׁלוֹם (לַמּוֹרֶה). 5. הַמּוֹרֶה אוֹמֵר שָׁלוֹם (לַיְלָדִים).

ד. תַּרְגֵּם לְעִבְרִית:

1. I said hello to the teacher.
2. They were writing to her.
3. We are giving them books.
4. They are giving them (f) books.
5. He writes to her.
6. She writes them (f) once a week.
7. He gives us a picture.
8. He gives me a pencil.
9. He gives her a letter.
10. He gives Joseph a book.

שׁ ע וּ ר תְּ שִׁ י עִ י

LESSON NINE

The Use of—שִׁמּוּשׁ

לִי, יֵשׁ לִי. אֵין לִי. לְ......... יֵשׁ. לְ......... אֵין

1. *I have* a beautiful book.	1. לִי סֵפֶר יָפֶה.
I have a beautiful book.	יֵשׁ לִי סֵפֶר יָפֶה.
I have no beautiful book.	אֵין לִי סֵפֶר יָפֶה.
2. *They have* a good teacher.	2. לָהֶם מוֹרֶה טוֹב.
They have a good teacher.	יֵשׁ לָהֶם מוֹרֶה טוֹב.
They have no good teacher.	אֵין לָהֶם מוֹרֶה טוֹב.
3. *Have you* a pencil?	3. יֵשׁ לְךָ עִפָּרוֹן?
Have you no pencil?	אֵין לְךָ עִפָּרוֹן?
4. *David has* a beautiful pencil.	4. לְדָוִד עִפָּרוֹן יָפֶה.
David has a beautiful pencil.	לְדָוִד יֵשׁ עִפָּרוֹן יָפֶה.
David has no beautiful pencil.	לְדָוִד אֵין עִפָּרוֹן יָפֶה.
5. *The teacher has* students.	5. לַמּוֹרֶה תַּלְמִידִים.
The teacher has students.	לַמּוֹרֶה יֵשׁ תַּלְמִידִים.

The teacher has no students. לַמּוֹרֶה אֵין תַּלְמִידִים.

1. There is no direct way of expressing possession in Hebrew, for the verb *to have* does not exist in the language. The concept *I have* is expressed indirectly: לִי or יֵשׁ לִי *the teacher has:* לַמּוֹרֶה or יֵשׁ לַמּוֹרֶה Translated literally it would mean *to me there is, to the teacher there is.* (In modern spoken Hebrew the form יֵשׁ לִי is preferred).

2. The above observation is also true of the negative. The concept *I have not* is expressed indirectly: אֵין לִי *There is not to me.*

תַּרְגִּילִים

Write the negative of the following: **א. כְּתֹב בִּשְׁלִילָה:**

1. יֵשׁ לָנוּ מוֹרִים טוֹבִים.
2. יֵשׁ לָהּ סְפָרִים רַבִּים.
3. לְדָוִד יֵשׁ אָב.
4. לַמּוֹרֶה יֵשׁ תַּלְמִידִים.
5. לַתַּלְמִיד יֵשׁ שְׁנֵי עֵטִים.

ב. כְּתֹב בְּרַבִּים:

1. יֵשׁ לִי מוֹרֶה.
2. יֵשׁ לָהּ מַחְבֶּרֶת.
3. לַתַּלְמִיד יֵשׁ מוֹרֶה.
4. יֵשׁ לְךָ מַזָּל.
5. אֵין לְךָ תְּמוּנָה.

ג. תַּרְגֵּם לְעִבְרִית:

1. I have nice books.
2. She has a book.
3. We have many books.
4. The students have no books.
5. He has no garden.
6. He has a garden.
7. They (m) have no garden.
8. They have a garden.
9. There are no books in the **room.**
10. Do **you have money?**

שִׁעוּר עֲשִׂירִי

LESSON TEN

I

The Use of the Particle שִׁמּוּשׁ הַמִּלָּה אֶת

The teacher asks *a* question. 1. הַמּוֹרֶה שׁוֹאֵל שְׁאֵלָה.

2. הַמּוֹרֶה שׁוֹאֵל אֶת הַשְּׁאֵלָה.

The teacher asks *the* question.

He reads *a* story. 3. הוּא קוֹרֵא סִפּוּר.

He reads *the* story. 4. הוּא קוֹרֵא אֶת הַסִּפּוּר.

5. הַתַּלְמִיד רוֹאֶה אֶת אַבְרָהָם וְאֶת שָׂרָה.

The student sees Abraham and Sarah.

1. If an object of a verb is direct and definite, it is generally preceded by the particle אֶת (Ill. 2, 4, 5).

2. Names of persons and places are considered definite. They are therefore preceded by אֶת (Ill. 5).

II

אֶת with Pronominal Endings—אֶת בְּכִנּוּיִים

רַבִּים		יָחִיד	
us	אוֹתָנוּ	me	אוֹתִי
you (m)	אֶתְכֶם	you (m)	אוֹתְךָ
you (f)	אֶתְכֶן	you (f)	אוֹתָךְ

| them (m) | אוֹתָם | | him | אוֹתוֹ |
| them (f) | אוֹתָן | | her | אוֹתָהּ |

He sees *me*.

(I 1. הוּא רוֹאֶה אוֹתִי.

2. אֲנִי שׁוֹאֵל אוֹתָן שְׁאֵלוֹת רַבּוֹת.

I ask *them* many questions.

He takes *her* home.

3. הוּא לוֹקֵחַ אוֹתָהּ הַבַּיְתָה.

He writes *to me*.

(II 1. הוּא כּוֹתֵב לִי.

He says hello *to us*.

2. הוּא אוֹמֵר לָנוּ שָׁלוֹם.

3. דָּוִד נוֹתֵן לוֹ אֶת הַסֵּפֶר הַזֶּה.

David is giving this book *to him*.

1. The direct object pronouns, like in English, generally follow the verb, except where emphasis may require the contrary (Ill. I 1 –3). [1]

תַּרְגִּילִים

Complete the sentences with אֶת whenever necessary: א.

1. אֲנִי הוֹלֵךְ אֶל .... הַבַּיִת שֶׁל אַבְרָהָם. 2. הוּא

רוֹאֶה.........הַתְּמוּנָה. 3. דָּוִד קוֹרֵא .... עִתּוֹן. 4. ....

הַסֵּפֶר גָּדוֹל. 5. אִמָּא אוֹכֶלֶת .... הָאֲרוּחָה. 6. אֲנַחְנוּ

כּוֹתְבִים .... מִכְתָּב. 7. אֲנִי קוֹרֵא .... הַמִּכְתָּב שֶׁל

[1] For word order and sentence structure, see lesson 35, p. 256

מֹשֶׁה. 8. אֲנַחְנוּ רוֹאִים .... אַבְרָהָם. 9. שָׂרָה שׁוֹאֶלֶת
.... מֹשֶׁה.

ב. כְּתֹב בְּרַבִּים:

1. אוֹתִי 2. אוֹתְךָ 3. אוֹתָךְ 4. אוֹתָהּ 5. אוֹתוֹ

ג. כְּתֹב בִּנְקֵבָה:

1. אוֹתְךָ 2. אֶתְכֶם 3. אוֹתוֹ 4. אוֹתָם 5. אוֹתָנוּ

ד. תַּרְגֵּם לְעִבְרִית:

1. I see him.
2. He writes me a letter and I read it.
3. David, I am asking you this question.
4. He asks me many questions.
5. I see her every week.
6. David and Moses, we are taking you to Israel.
7. He is taking them home.
8. He is saying hello to her.

שִׁעוּר אַחַד עָשָׂר

LESSON ELEVEN

Possesive Adjectives and Pronouns—כִּנּוּיֵי הַקִּנְיָן

our, ours	שֶׁלָּנוּ	my, mine	שֶׁלִּי
your, yours (m)	שֶׁלָּכֶם	your, yours (m)	שֶׁלְּךָ
your, yours (f)	שֶׁלָּכֶן	your, yours (f)	שֶׁלָּךְ
their, theirs (m)	שֶׁלָּהֶם	his	שֶׁלּוֹ
their, theirs	שֶׁלָּהֶן	her, hers	שֶׁלָּהּ

1. הַסֵּפֶר שֶׁלִּי וְהַמַּחְבֶּרֶת שֶׁלּוֹ.

The book is *mine* and the notebook is *his.*
My book and *his* notebook.

2. הַסֵּפֶר הַזֶּה שֶׁלָּכֶם?

Is this book *yours*?

3. כֵּן, זֶה הַסֵּפֶר שֶׁלָּנוּ.

Yes, this is *our* book.

4. הַמַּחְבֶּרֶת הַזֹּאת שֶׁל דָּוִד.

This notebook is *David's.*

5. וְזֹאת שֶׁל אַבְרָהָם.

And this is *Abraham's.*

6. הַמַּחְבֶּרֶת שֶׁלָּהּ עַל הַשֻּׁלְחָן.

Her notebook is on the table.

1. The possesive adjectives and pronouns have the same form in Hebrew.

2. The possesive adjective, like an ordinary adjective, follows the noun (Ill. 3, 6).

תַּרְגִּילִים

א. כְּתֹב בִּנְקֵבָה:

1. שֶׁלְּךָ   3. שֶׁלִּי   5. אוֹתְךָ   7. אֶתְכֶם   9. אוֹתָם

2. שֶׁלּוֹ   4. שֶׁלָּכֶם   6. אוֹתוֹ   8. שֶׁלָּהֶם   10. אוֹתָנוּ

ב. כְּתֹב בְּרַבִּים:

1. אוֹתִי   3. שֶׁלּוֹ   5. אוֹתְךָ   7. אוֹתָךְ   9. אוֹתָהּ

2. שֶׁלְּךָ   4. שֶׁלִּי   6. אוֹתוֹ   8. שֶׁלָּךְ   10. שֶׁלָּהּ

ג. תַּרְגֵּם לְעִבְרִית:

1. My story is good.
2. This is the teacher's book.
3. This is mine.
4. This is hers.
5. Boys, your letter is very good.
6. Sarah, your book is on the table.
7. Their mother is beautiful.
8. My friend is home.
9. David's book is on the table.
10. Her father is in Israel.

שִׁעוּר שְׁנֵים עָשָׂר

LESSON TWELVE

The Past Tense—עָבָר

Regular Verbs — פְּעָלִים שְׁלֵמִים

יָחִיד	רַבִּים
אֲנִי כָּתַבְתִּי	אֲנַחְנוּ כָּתַבְנוּ
אַתָּה כָּתַבְתָּ	אַתֶּם כְּתַבְתֶּם
אַתְּ כָּתַבְתְּ	אַתֶּן כְּתַבְתֶּן
הוּא כָּתַב	הֵם כָּתְבוּ
הִיא כָּתְבָה	הֵן כָּתְבוּ
אֲנִי שָׁמַעְתִּי	אֲנַחְנוּ שָׁמַעְנוּ
אַתָּה שָׁמַעְתָּ	אַתֶּם שְׁמַעְתֶּם
אַתְּ שָׁמַעַתְּ	אַתֶּן שְׁמַעְתֶּן
הוּא שָׁמַע	הֵם שָׁמְעוּ
הִיא שָׁמְעָה	הֵן שָׁמְעוּ

כָּתַבְתִּי — I wrote / I have written / I had written

שָׁמַעְתָּ — You heard / You have heard / You had heard

1. A regular verb is a verb which retains the consonantal value of the three root-letters in all tenses and conjugations.

2. There is only one tense denoting the past in the Hebrew language. The ordinary simple past tense may be translated in three different ways: I wrote, I have written. I had written—כָּתַבְתִּי

3. The past tense is formed from the third person, masculine singular verb which is usually vocalized: כָּתַב (קָמַץ ָ, פַּתַּח ַ)

4. To this form are added the suffixes illustrated in the paradigm.

5. Verbs, the third root-letters (ל׳ הַפֹּעַל) of which are the gutturals ע, ח, take the vowel פַּתַּח under the third root-letter in the second person feminine singular—שָׁמַעַתְּ, פָּתַחַתְּ [1] All the other forms are regular.

6. Note that the first vowel, קָמַץ ָ changes to שְׁוָא ְ in the second person plural [2] כָּתַבְתִּי—כְּתַבְתֶּם

7. The negative used with the past tense is the word לֹא שָׁמַעְתִּי, לֹא כָּתַבְתִּי—לֹא

תַּרְגִּילִים

Conjugate in the past tense: א. I) הַטֵּה בְּעָבָר:

ישב, למד, שמע.

---

[1] To retain the consonantal value of all three letters.

[2] The accent is shifted to the last syllable and the first syllable, therefore, must become shorter.

II) הַטֵּה בְּהֹוֶה: Conjugate in the present tense:

למד, נתן, אמר.

ב. Complete the sentences with the correct form of the verb:

אֶתְמוֹל (הלך) דָּוִד, הֶחָבֵר שֶׁלִּי, לָעֲבוֹדָה. בַּגַּן הָיָה יָפֶה וְהוּא (ישב). גַּם אֲנִי (הלך) בַּגַּן (וישב) אֵצֶל הֶחָבֵר שֶׁלִּי. אֲנַחְנוּ (אמר) שָׁלוֹם (והלך) לָעֲבוֹדָה. אֲנִי (שאל) אוֹתוֹ: "דָּוִד, בָּעֶרֶב אַתָּה (למד) אוֹ (עבד)?" הוּא עָנָה: "בָּעֶרֶב אֲנִי (למד) עִבְרִית".

תַּרְגֵּם לְעִבְרִית:

1. We studied.
2. They walked.
3. He wrote.
4. She wrote.
5. David, you heard the story?
6. Sarah, you did not listen.
7. David and Sarah, you were sitting in the park.
8. Students (m), you were studying.
9. I have not heard this song.
10. She studied all night.

שִׁעוּר שְׁלֹשָׁה עָשָׂר
LESSON THIRTEEN

The Future Tense—עָתִיד

Regular Verbs: פְּעָלִים שְׁלֵמִים:

To watch—שמר

יָחִיד	רַבִּים
אֲנִי אֶשְׁמֹר	אֲנַחְנוּ נִשְׁמֹר
אַתָּה תִּשְׁמֹר	אַתֶּם תִּשְׁמְרוּ
אַתְּ תִּשְׁמְרִי	אַתֶּן תִּשְׁמֹרְנָה
הוּא יִשְׁמֹר	הֵם יִשְׁמְרוּ
הִיא תִּשְׁמֹר	הֵן תִּשְׁמֹרְנָה

To sell—מכר

יָחִיד	רַבִּים
אֲנִי אֶמְכֹּר	אֲנַחְנוּ נִמְכֹּר
אַתָּה תִּמְכֹּר	אַתֶּם תִּמְכְּרוּ
אַתְּ תִּמְכְּרִי	אַתֶּן תִּמְכֹּרְנָה
הוּא יִמְכֹּר	הֵם יִמְכְּרוּ
הִיא תִּמְכֹּר	הֵן תִּמְכֹּרְנָה

1. Note that while in the past tense all the pronominal particles are suffixes, in the future they are both prefixes and suffixes:

I watched	שָׁמַר־תִּי
I shall watch	אֶ־שְׁמֹר
You will watch	תִּ־שְׁמְר־וּ

2. The second person mascuiine singular and the third person feminine singular are always similar:

You will watch	תִּשְׁמֹר
She will watch	תִּשְׁמֹר

3. The same holds true for the second and third person feminine plural: תִּשְׁמֹרְנָה, תִּשְׁמֹרְנָה

5. If the second root-letter (ע׳ הַפֹּעַל) is one of the letters בגד כפת it will have a daghesh in the future tense: אֶזְכֹּר, אֶמְכֹּר

5. After the prefix of this conjugation there is no daghesh: אֶכְתֹּב and not אֶכְּתֹּב

6. The negative used with the future tense is לֹא:
He will not sell—הוּא לֹא יִמְכֹּר

תַּרְגִּילִים

א. כְּתֹב בְּעָתִיד וְתַרְגֵּם לְאַנְגְּלִית:

1. כָּתַבְנוּ אֶת הַמִּכְתָּבִים. 2. הַתַּלְמִידִים סָגְרוּ אֶת הַסְּפָרִים. 3. הַתַּלְמִידוֹת סָגְרוּ אֶת הַסְּפָרִים. 4. הֵן גָּמְרוּ

אֶת הָעֲבוֹדָה. 5. אֲנִי לֹא גָּמַרְתִּי אֶת הָעֲבוֹדָה. 6. הֲגָמַרְתָּ
אֶת הָעֲבוֹדָה שֶׁלְּךָ? 7. סָגַרְתָּ אֶת הַמַּחְבֶּרֶת? 8. כֵּן, סָגַרְתִּי
אוֹתָהּ. 9. הוּא קָצַר אֶת הַחִטִּים. 10. תַּלְמִידִים, כּוֹתְבִים
אַתֶּם יָפֶה? 11. מַה כָּתַבְתָּ בַּמִּכְתָּב? 12. מַה מָּכְרָה
שָׂרָה? 13. אוּלַי כָּתַב. 14. אוּלַי זָכַר אֶת הַשִּׁעוּר.

ב. הַטֵּה אֶת הַפְּעָלִים הַבָּאִים בֶּעָתִיד:

1. כתב 2. סגר 3. קצר 4. שבר

ג. תַּרְגֵּם לְעִבְרִית:

1. I shall finish the lesson.
2. David, will you write me a letter?
3. He will finish the story.
4. She will close the book.
5. Sarah, will you close the book?
6. Yes, I will close it.
7. We shall write letters to Israel.
8. Our friends will write us letters.
9. Students, will you write the exercise tomorrow?
10. The students (f) will write the exercises tomorrow.
11. He will sell the house.
12. She will break the chalk.
13. Boys, will you sell your books?
14. Yes, we will sell them.
15. My father will sell his house.

שִׁעוּר אַרְבָּעָה עָשָׂר

LESSON FOURTEEN

I

The Interrogative — שִׁמּוּשׁ הֹ׳ הַשְׁאֵלָה—ה, הַאִם

1. הֲשׁוֹמֵר אָחִי אָנֹכִי? — Am I my brother's keeper?

2. הֲרָצַחְתָּ וְגַם יָרָשְׁתָּ? — Have you killed and also taken possession?

3. הַכְּתֹנֶת בִּנְךָ הִיא? — Is it your son's coat?

4. הַקְּטַנִּים הֵם? — Are they small?

5. הַאֵין אִישׁ פֹּה? — Is there no one here?

6. הַעוֹד אָבִי חָי? — Is my father still alive?

7. Did you go to school? { הַהֲלַכְתֶּם לְבֵית הַסֵּפֶר? / הַאִם הֲלַכְתֶּם לְבֵית הַסֵּפֶר?

8. Did you return home? { הַחֲזַרְתֶּם הַבַּיְתָה? / הַאִם חֲזַרְתֶּם הַבַּיְתָה?

9. Did you say this? { הַאָמַרְתָּ זֹאת? / הַאִם אָמַרְתָּ זֹאת?

10. Is the man rich? { הֶעָשִׁיר הוּא הָאִישׁ? / הַאִם עָשִׁיר הוּא הָאִישׁ?

11. הֶהָלַכְתָּ הַבַּיְתָה? / הַאִם הָלַכְתָּ הַבַּיְתָה? — Did you go home?

12. הֶחָכָם הוּא? / הַאִם חָכָם הוּא? — Is he wise?

1. In the Hebrew language a question is usually introduced either by the word הַאִם or by the prefix ה (Ill. 1-12).

2. The vocalization of the ה is ordinarily חֲטַף פַּתַּח הֲ (Ill. 1—2).

3. Before a shewa or a haṭaph it is הַ (Ill. 3, 4, 7, 8).

4. Before the gutturals ע, ח, ה, א it is likewise הַ (Ill. 5—6) except when the guttural has a קָמַץ, then it is הֶ (Ill. 9—12).[1]

II

The Use of the Relative Pronoun ...שִׁמּוּשׁ אֲשֶׁר, שֶׁ
that, *which*, *who*, *whom*

1. הַמִּכְתָּב אֲ שֶׁ ר כָּתַבְתָּ—הַמִּכְתָּב שֶׁכָּתַבְתָּ לִי.

The letter *that* you wrote to me.

2. הַסֵּפֶר אֲ שֶׁ ר אֲנִי רוֹאֶה—הַסֵּפֶר שֶׁאֲנִי רוֹאֶה

The book *that* I see

3. הַסִּפּוּרִים אֲ שֶׁ ר שָׁמַעְתָּ—הַסִּפּוּרִים שֶׁשָּׁמַעְתָּ

The stories *that* you heard

4. הָאִישׁ אֲשֶׁר כָּתַב—שֶׁכָּתַב — The man *who* wrote

---

[1] In colloquial Hebrew a question may be indicated by a question mark or by intonation, the word order remaining unchanged.

5. הַתַּלְמִיד אֲשֶׁר אֲנִי (שֶׁאֲנִי) רוֹאֶה

The student *whom* I see

6. הָאִישׁ הַכּוֹתֵב

The man *who* writes

7. הַתַּלְמִיד הַשּׁוֹמֵעַ

The student *who* listens

1. The relative pronoun that, which, who, whom, has the form of אֲשֶׁר (Ill. 1—5).

2. The relative pronoun must always be expressed and never omitted:

The stories you heard—הַסִּפּוּרִים אֲשֶׁר שָׁמַעְתָּ

3. The pronoun אֲשֶׁר may be contracted to שֶׁ and thus become a prefix (Ill. 1—5)

4. The letter following this contracted form takes a daghesh—שֶׁבַּבַּיִת, שֶׁכָּתַב

5. In the present tense, since the verb is considered a participle, the relative pronoun is ordinarily expressed merely by the addition of the definite article (Ill. 6—7).

III
The Use of שִׁמּוּשׁ מָתַי, כַּאֲשֶׁר

A. כַּאֲשֶׁר may be used as follows:

1. As a conjunction introducing an adverb clause of time:

כַּאֲשֶׁר הָיָה בַּבַּיִת, נָתַן לִי סֵפֶר.

When he was home, he gave me a book.

כַּאֲשֶׁר הָיָה שָׂמֵחַ, שָׁר שִׁירִים.

When he was happy, he sang.

2. כַּאֲשֶׁר may be contracted into כְּשֶׁ and connected with the verb following it:

a) כַּאֲשֶׁר הָיָה בַּבַּיִת–כְּשֶׁהָיָה בַּבַּיִת

b) כַּאֲשֶׁר הָיָה שָׂמֵחַ–כְּשֶׁהָיָה שָׂמֵחַ

B. מָתַי, often confused by beginners with כַּאֲשֶׁר, is used as follows:

1. as an interrogative adverb:

When will you finish? מָתַי תִּגְמֹר?

2. as a conjunction introducing a noun clause:

שָׁאַלְתִּי אוֹתוֹ מָתַי יִכְתֹּב אֶת הַסִּפּוּר.

I asked him *when* he will write the story.

תַּרְגִּילִים

א. הַשְׁלֵם בְּאַחַת הַמִּלִּים: כַּאֲשֶׁר, מָתַי:

1. .... כָּתַבְתָּ אֶת הַסִּפּוּר? 2. כָּתַבְתִּי אֶת הַסִּפּוּר .... יָשַׁבְתִּי בַּבַּיִת. 3. שָׁאַל אוֹתוֹ .... יִגְמֹר אֶת הַסֵּפֶר. 4. הִיא שָׁאֲלָה אוֹתוֹ........... יְסַפֵּר (will tell) לָהּ אֶת הַסִּפּוּר 5. .... שָׁמַעְתִּי אֶת הַסִּפּוּר, צָחַקְתִּי.

ב. הֲפֹךְ אֶת הַמִּשְׁפָּטִים לִשְׁאֵלוֹת:

Change the following declarative sentences into interrogative ones by using either the prefix הֲ or the word הַאִם:

1. אֲנִי רוֹאֶה אֶת דָּוִד. 2. הַנְּיָר לָבָן. 3. אֵין אַתָּה רוֹאֶה. 4. אַתָּה אָמַרְתָּ זֹאת. 5. תִּגְמֹר אֶת הַסִּפּוּר. 6. כְּתַבְתֶּם לוֹ מִכְתָּב גָּדוֹל. 8. אֵין לְךָ סֵפֶר. 9. זֹאת הָאֲרוּחָה שֶׁלְּךָ. 10. הָאִישׁ עָשִׁיר.

ג. תַּרְגֵּם לְעִבְרִית:

1. Have you finished the story, David?
2. Do you have your books, Sarah?
3. Will you write me a letter?
4. When shall I close the house?
5. Is he rich?
6. When will you write your book?
7. The book which he wrote is beautiful.
8. The man who wrote the book is a great man.
9. When I finished the book, I was happy.
10. I asked her when she had written her letters.

שִׁעוּר חֲמִשָּׁה עָשָׂר

LESSON FIFTEEN

The Use of the Preposition א. שִׁמּוּשׁ מִלַּת הַיַּחַס מִן, מִ, מֵ

The man goes *out of* the room. 1. הָאִישׁ יוֹצֵא מִן הַחֶדֶר.

2. מִן הַבַּיִת שֶׁלִּי אֲנִי רוֹאֶה גַּן.

From my house I see a park.

I go *out of* the garden. 3. אֲנִי הוֹלֵךְ מִן הַגַּן.

4. וּמֵעֵץ הַדַּעַת טוֹב וָרָע לֹא תֹאכַל מִמֶּנּוּ (בראשית ב׳, י״ז).

But *of* the tree of the knowledge of good and evil, thou shalt not eat *of it*.

5. מִן סֵפֶר—מִסֵּפֶר

6. מִן תֵּל־אָבִיב—מִתֵּל־אָבִיב

7. מִן אַבְרָהָם—מֵאַבְרָהָם

8. מִן הַבַּיִת—מֵהַבַּיִת

9. מִן חֶדֶר—מֵחֶדֶר

10. מִן עֵץ—מֵעֵץ

11. מִן רַבִּים—מֵרַבִּים

1. The preposition מִן—*from* is usually contracted to the prefix מִ

2. The מ is vocalized with a . (חִירִיק) and the following letter takes a daghesh: מִבַּיִת, מִדָּוִד

3. Before ר, ע, ח, ה, א, which do not take a daghesh, the vowel under the מ is lengthened to .. (צֵירֶה) מֵ: From Abraham—מֵאַבְרָהָם (Ill. 7—11). [1]

---

[1] Except מִחוּט—*from* a thread, and מִחוּץ—*from* outside.

The Preposition מִן with Pronominal Endings: ב. מִן בְּכִנּוּיִים—

רַבִּים		יָחִיד	
from us	מִמֶּנּוּ	from me	מִמֶּנִּי
from you (m)	מִכֶּם	from you (m)	מִמְּךָ
from you (f)	מִכֶּן	from you (f)	מִמֵּךְ
from them (m)	מֵהֶם	from him	מִמֶּנּוּ
from them (f)	מֵהֶן	from her	מִמֶּנָּה

1. הוּא הָלַךְ מִמֶּנִּי וְלֹא חָזַר.

He went away *from me* and has not returned.

2. לָקַחְתִּי מֵהֶם אֶת כָּל הַסְּפָרִים.

I took all the books *from them.*

1. Prepositions in Hebrew never combine with personal pronouns. Thus, it is impossible to say מִן אֲנִי—*from me.* Instead, the preposition takes on the pronominal endings illustrated above: מִמֶּנִּי, מִמְּךָ.

2. The context determines the meaning of מִמֶּנּוּ

אֵין with Pronominal Endings—ג. אֵין בְּכִנּוּיִים

רַבִּים.		יָחִיד	
We are not	אֵינֶנּוּ	I am not	אֵינִי (אֵינֶנִּי)
You are not (m)	אֵינְכֶם	You are not (m)	אֵינְךָ
You are not (f)	אֵינְכֶן	You are not (f)	אֵינֵךְ

They are not (m) אֵינָם	He is not (אֵינֶנּוּ) אֵינוֹ
They are not (f) אֵינָן	She is not (אֵינֶנָּה) אֵינָהּ

1. הַיֶּלֶד אֵינֶנּוּ פֹּה.

The child *is not* here.

2. דָּוִד, מַדּוּעַ אֵינְךָ כּוֹתֵב לִי?

David, why *don't you* write to me?

3. שָׂרָה אֵינָהּ בַּבַּיִת.

Sarah *is not* home.

4. דָּוִד לֹא כָתַב לִי.

David *has not* written to me.

1. אֵין can be translated by the English *do not* or *is not* (Ill. 1—3).

2. With verbs this negative is used in the present tense or ly (Ill. 1—3).

תַּרְגִּילִים

א. נַקֵּד אֶת הַמִּלִּים שֶׁבַּסּוֹגְרַיִם: Vocalize the words in the parentheses:

1. לָקַחְתִּי סֵפֶר (מדוד). 2. דָּוִד לָקַח מַחְבֶּרֶת (מהחבר) שֶׁלּוֹ. 3. הַמִּכְתָּב הַזֶּה (מארץ) יִשְׂרָאֵל. 4. שָׁמַעְתִּי אֶת הַסִּפּוּר (מאברהם). 5. הָלַכְתִּי (מעיר) לָעִיר.

ב. כְּתֹב אֶת הַצּוּרָה הַנְּכוֹנָה שֶׁל הַמִּלִּים ״אֵין״ וּ״מִן״:

1. (אֵין אֲנִי) יוֹדֵעַ אוֹתוֹ. 2. הוּא לָקַח אֶת הַסֵּפֶר (from me). 3. (אֵין אֲנַחְנוּ) הוֹלְכִים לַגָּן. 4. (אֵין הֵן) הוֹלְכוֹת

לְבֵית הַסֵּפֶר. 5. דָּוִד, (אֵין אַתָּה) שׁוֹמֵעַ. 6. רִבְקָה, (אֵין
אַתְּ) כּוֹתֶבֶת. 7. הוּא לָקַח אֶת הַמִּכְתָּב (from us).

ג. תַּרְגֵּם לְעִבְרִית:

1. David does not write well.
2. I took a book from him.
3. David and Sarah are not here.
4. My friend is not in the city.
5. Students (m), don't you hear me?
6. No, we don't hear you.
7. David took a pen from her.
8. We took the letters from them.
9. He walked from city to city.
10. They are not here; they are there.

שִׁעוּר שִׁשָּׁה עָשָׂר

LESSON SIXTEEN

I

The Preposition עִם with Pronominal Endings:—א. נְטִיַּת עִם

רַבִּים		יָחִיד	
with us	עִמָּנוּ	with me	עִמִּי
with you (m)	עִמָּכֶם	with you (m)	עִמְּךָ
with you (f)	עִמָּכֶן	with you (f)	עִמָּךְ
with them (m)	עִמָּהֶם (עִמָּם)	with him	עִמּוֹ
with them (f)	עִמָּהֶן (עִמָּן)	with her	עִמָּהּ

עִם

1. הָלַכְתִּי לָעֲבוֹדָה עִם דָּוִד.
I went to work *with* David.
2. יָשַׁבְתִּי בַּגַּן עִם הֶחָבֵר שֶׁלִּי.
I sat in the park *with* my friend.
3. עָבַדְתִּי עִמּוֹ.
I worked *with* him.

בּ

4. כָּתַבְתִּי בָּעֵט.
I wrote *with* the pen.
5. אֲנַחְנוּ רוֹאִים בָּעֵינַיִם שֶׁלָּנוּ.
We see *with* our eyes.

1. עִם means *together with*. If the use of an object is involved, *with* is expressed by the preposition בּ (Ill. 4, 5).

II

The Imperative—צִוּוּי

יָחִיד

צִוּוּי	עָתִיד

כְּתֹב לָנוּ מִכְתָּב.	תִּ—כְתֹּב
כִּתְבִי לָהֶם מִכְתָּבִים.	תִּ—כְתְּבִי

רַבִּים

צִוּוּי	עָתִיד
כִּתְבוּ לָנוּ מִכְתָּב.	תִּ—כְתְּבוּ
כְּתֹבְנָה לָנוּ מִכְתָּבִים.	תִּ—כְתֹּבְנָה

1. The imperative is formed directly from the second person future tense: תִּכְתֹּב—כְּתֹב, תִּגְמֹר—גְּמֹר

2. The prefix is dropped in each case: תִּכְתֹּב—כְּתֹב. The masculine singular remains intact;[1] the feminine singular, in order to avoid two שְׁוָאִים at the beginning of the word, תִּכְתְּבִי-כְּתְבִי changes the first שְׁוָא to a חִירִיק: כְּתְבִי – כִּתְבִי The feminine plural remains intact: תִּ־כְתֹּבְנָה—כְּתֹבְנָה

3. The first root-letter retains the peculiarity of the vocal shewa. The following letter, therefore, will not have a daghesh: כִּתְבוּ and not כִּתְּבוּ, מִכְרוּ and not מִכְּרוּ [1]

The Negative Imperative—צִוּוּי שְׁלִילִי

Thou shalt not steal.	1. לֹא תִּגְנֹב.

[1] For explanation of the change in the daghesh see Introduction G 4 and lesson XXVIII.

Thou shalt not murder.	2. לֹא תִּרְצָח.
Do not write to him.	3. אַל תִּכְתֹּב לוֹ.
Do not write to us.	4. אַל תִּכְתְּבִי לָנוּ.
Do not write to her.	5. אַל תִּכְתְּבִי לָהּ.
Do not write to them.	6. אַל תִּכְתֹּבְנָה לָהֶן.

1. To express a negative command, the future tense plus the negative לֹא are used for permanent negation (Ill. 1—2).

2. For temporary prohibition or negation the negative אַל plus the future are used (Ill. 3—6).

תַּרְגִּילִים

א. Write ten commands in complete sentences, five in the positive and five in the negative:

כתב, למד, סגר, גנב.

ב. כְּתֹב בִּשְׁלִילָה: Write the negative of the following:

1. כְּתֹב יָפֶה. 2. שָׂרָה בָּאָה אֶל הַחֶדֶר. 3. לִמְדוּ עִבְרִית. 4. סְגֹרְנָה אֶת הַדֶּלֶת. 5. סִגְרִי אֶת הַחַלּוֹן. 6. הָאִישׁ כָּתַב מִכְתָּב. 7. אַבְרָהָם רוֹאֶה אֶת דָּוִד. 8. דָּוִד

גְּמֹר אֶת הַסִּפּוּר. 9. כִּתְבִי לִי מִכְתָּבִים. 10. הֵם כּוֹתְבִים יָפֶה.

ג. הֲפֹךְ מֵעָבָר לְעָתִיד וּמֵעָתִיד לֶעָבָר: Change from the past tense to the future tense and vice versa:

1. כָּתַבְנוּ	6. סָגְרוּ	11. כָּתַבְתִּי
2. נִגְמֹר	7. סְגַרְתֶּם	12. תִּסְגְּרִי
3. אַתָּה תִּגְמֹר	8. נִסְגֹּר	13. אַתֶּן תִּסְגֹּרְנָה
4. כָּתַב	9. תִּלְמְדוּ	14. הֵן תִּגְמֹרְנָה
5. כָּתְבוּ	10. יִגְמְרוּ	15. גָּמַרְתִּי

ד. תַּרְגֵּם לְעִבְרִית:

1. Don't write on the book, David.
2. Write these letters, Sarah.
3. Girls, don't close your books.
4. Boys, don't finish this story.
5. Sarah, study your Hebrew lessons.
6. Don't write to them, girls.
7. Thou shalt not steal.
8. Finish the letter, Sarah.
9. Open these books, boys.
10. Don't sell the house, father.

שִׁעוּר שִׁבְעָה עָשָׂר

LESSON SEVENTEEN

The Root and the Infintive—שֹׁרֶשׁ וּמָקוֹר

I, The root: **א. שֹׁרֶשׁ:**

גמר	גָּמַרְתִּי	כתב		כָּתַבְנוּ
	גּוֹמֶרֶת			כּוֹתֵב
	נִגְמֹר			אֶכְתֹּב

II. Infinitive absolute: **ב. מָקוֹר:**

כָּתֹב, גָמֹר, אָכֹל, שָׁתֹה, שָׁאֹל.

1. הֲמָלֹךְ תִּמְלֹךְ עָלֵינוּ? (בראשית ל״ז, ח׳).

Shalt thou indeed reign over us?

2. זָכֹר תִּזְכֹּר אֵת אֲשֶׁר עָשָׂה ה׳ (דברים ז׳, י״ח).

Thou shalt well remember what the Lord has done.

1. Hebrew grammar is based on an assumed three-letter root.

2. Basically there are two infinitives in Hebrew. The infinitive absolute—מָקוֹר נִפְרָד (referred to in this book as מָקוֹר) כָּתֹב, זָכֹר is generally used for emphasis or for duration of action (Ill. 1, 2).

III. The infinitive construct: **ג. שֵׁם הַפֹּעַל:**

כְּתֹב, גְמֹר, שְׁאֹל.

1. עֵת לֶאֱהֹב וְעֵת לִשְׂנֹא (קהלת ג׳, ח׳).

A time to love and a time to hate.

2. הָלַכְתִּי לְבֵית הַסֵּפֶר לִלְמֹד.

I went to school to study.

3. אֲנִי חָפֵץ לִכְתֹּב מִכְתָּב.

I want to write a letter.

1. The infinitive construct (מָקוֹר נִסְמָךְ) or verbal noun שָׁמֹר ,כְּתֹב (referred to in this book as שֵׁם הַפֹּעַל) is rarely used in its pure form. When used with the prefix לְ, it expresses the meaning of the English infinitive:

   a) to write—לִכְתֹּב   b) to watch—לִשְׁמֹר

(For other uses of this form see lesson 13, p. 168).

2. Note that there is no daghesh in the letter following the prefix לְ : לִכְתֹּב and not לִכְּתֹב (See lesson 13, p.168).

3. If the second root letter is one of the בגד כפת letters, it takes a daghesh. Thus זָכֹר becomes לִזְכֹּר, מְכֹר—לִמְכֹּר (See lesson 13, p. 168).

תַּרְגִּילִים

א. מְצָא אֶת הַשָּׁרָשִׁים שֶׁל הַמִּלִּים הַבָּאוֹת:

Find the roots of the following words:

כָּתְבוּ, עָמַדְתִּי, נוֹתֵן, לִשְׁאֹל, תִּכְתְּבִי, לוֹקֵחַ, יִדְפֹּק,
אֶמְכֹּר, לוֹמֵד, מוֹכֵר, תִּסְגֹּרְנָה, יִסְגְּרוּ, תִּכְתְּבוּ.

ב. תַּרְגֵּם לְעִבְרִית:

1. He likes to study.
2. I want to ask a question.
3. We are going to finish this work.
4. David does not want to knock at the door.
5. Abraham, do you want to close the window?
6. Sarah, do you want to write?
7. They are going to watch the house.
8. He told them to study.
9. I told David not to close the window.
10. It is good to write letters to friends.

שִׁעוּר שְׁמֹנָה עָשָׂר

LESSON EIGHTEEN

I

א. בִּינוֹנִי פָּעוּל—The Present Passive Participle

1. אֲנִי סוֹגֵר אֶת הַסֵּפֶר—הַסֵּפֶר סָגוּר.

I close the book. The book *is closed.*

2. דָּוִד סוֹגֵר אֶת הַדֶּלֶת—הַדֶּלֶת סְגוּרָה.

David is closing the door. The door *is closed.*

3. כָּל הַסְּפָרִים סְגוּרִים.

All the books *are closed.*

4. הַתְּשׁוּבוֹת כְּתוּבוֹת עַל הַלּוּחַ.

The answers *are written* on the board.

5. דֶּלֶת סְגוּרָה.

A *closed* door.

6. סֵפֶר פָּתוּחַ.

An *open* book.

נְקֵבָה		זָכָר	
is written	כְּתוּבָה	is written	כָּתוּב
are written	כְּתוּבוֹת	are written	כְּתוּבִים

1. The present passive participle is formed by inserting the vowel וּ (שׁוּרֵק) between the second and third root-letters כָּתוּב—כתב (Ill. 1—6).

2. The passive participle is frequently used as an adjective (Ill. 5, 6).

3. When the third root-letter is a guttural ה, ע, ח the masculine singular form has a furtive patah under that letter פָּתוּחַ—פתח (Ill. 6).

II

The Use of כָּל, כֹּל שִׁמּוּשׁ

I) כָּל הַ—*the whole all the*

The whole book is beautiful. 1. כָּל הַסֵּפֶר יָפֶה.

All the books are beautiful 2. כָּל הַסְּפָרִים יָפִים.

1. When the word כָּל is followed by a definite noun it is rendered in English by *all the* or *the whole* (Ill. 1, 2).

II) כָּל—*every*

1. כִּי לִי תִּכְרַע כָּל בֶּרֶךְ, תִּשָּׁבַע כָּל לָשׁוֹן (ישעיה מ"ח, כ"ג)

Unto me *every* knee shall bend, *every* tongue shall swear.

2. כָּל אִישׁ בַּחֶדֶר הַזֶּה לוֹמֵד יָפֶה.

Every person in this room studies well.

3. כָּל פֶּה דֹּבֵר נְבָלָה (ישעיה ט', ט"ז).

Every mouth speaketh wantonness.

2. When כָּל is followed by an indefinite singular noun, it means *every*: every man—כָּל אִישׁ (Ill. 1–3).

III) הַכֹּל—*everything, everybody*

1. הַכֹּל הָיָה מִן הֶעָפָר (קהלת ג׳, כ׳).
Everything came from the dust.

2. הֲבֵל הֲבָלִים, הַכֹּל הָבֶל (קהלת א׳, ב׳).
Vanity of vanities, *all* (*everything*) is vanity.

3. הַכֹּל כּוֹתְבִים.
Everybody writes.

4. הַכֹּל יוֹשְׁבִים.
Everybody sits.

3. הַכֹּל means *everything, all*: *everything* is good—הַכֹּל טוֹב. When followed by a plural verb, it means *everybody* (Ill. 3, 4).

III

כָּל with Pronominal Endings—כָּל בְּכִנּוּיִים

רַבִּים		יָחִיד	
all of us	כֻּלָּנוּ	all of me	כֻּלִּי
all of you (m)	כֻּלְּכֶם	all of you (m)	כֻּלְּךָ
all of you (f)	כֻּלְּכֶן	all of you (f) ((כֻּלֵּךְ))	כֻּלָּךְ
all of them (m)	כֻּלָּם	all of him, it	כֻּלּוֹ
all of them (f)	כֻּלָּן	all of her, it	כֻּלָּהּ

1. כֻּלָּךְ יָפָה רַעְיָתִי (שיר השירים ד׳, ז׳).
Thou art all fair, my love.

2. כֻּלָּנוּ בְּנֵי אִישׁ אֶחָד נָחְנוּ (בראשית מ״ב, י״א).
We are all one man's sons.

3. כֻּלָּם כָּתְבוּ יָפֶה.
All of them wrote beautifully.

תַּרְגִּילִים

א. תַּרְגֵּם אֶת הַמִּלִּים שֶׁבְּסוֹגְרַיִם לְעִבְרִית:

Translate the words in the parentheses:

1. (All of us) הָלַכְנוּ אֶל הַגַּן. 2. (The whole) גַּן יָפֶה. 3. (All of them) כָּתְבוּ לְאֶרֶץ יִשְׂרָאֵל. 4. (All of us) תַּלְמִידִים. 5. (Are all of you) שׁוֹמְעִים? 6. (Everybody) לוֹמְדִים. 7. הַכֹּל (are writing). 8. (Every) סֵפֶר בַּחֶדֶר הַזֶּה פָּתוּחַ. 9. (Are all of you (f)) פֹּה? 10. כָּל הַסְּפָרִים (are open).

ב. כְּתֹב אֶת צוּרַת הַפָּעוּל הַנְּכוֹנָה:

Write the correct form of the passive participle:

1. כָּתַבְתִּי מִכְתָּב וְהַמִּכְתָּב (כתב). 2. הֵם כָּתְבוּ מִכְתָּבִים, וְהַמִּכְתָּבִים (כתב). 3. הַדֶּלֶת הַזֹּאת (סגר). 4. גַּם הַחַלּוֹן (סגר). 5. הַסְּפָרִים הָאֵלֶּה (מכר). 6. הַשִּׁירִים (כתב) עַל הַלּוּחַ. 7. הַמַּחְבָּרוֹת (פתח). 8. הַתְּשׁוּבוֹת (כתב). 9. בֵּית־הַסֵּפֶר (סגר). 10. הַסְּפָרִים (כתב).

שִׁעוּר תִּשְׁעָה עָשָׂר

LESSON NINETEEN

סְמִיכוּת—The Construct State

	Construct—נִסְמָךְ	Absolute—נִפְרָד
The farmer's song	שִׁיר הָאִכָּר	הַשִּׁיר שֶׁל הָאִכָּר .1
The wall of the room	קִיר הַחֶדֶר	הַקִּיר שֶׁל הַחֶדֶר .2
David's uncle	דּוֹד דָּוִד	הַדּוֹד שֶׁל דָּוִד .3
The man's fish	דַּג הָאִישׁ	הַדָּג שֶׁל הָאִישׁ .4
Solomon's judgment	מִשְׁפַּט שְׁלֹמֹה	הַמִּשְׁפָּט שֶׁל שְׁלֹמֹה .5
The farmer's songs	שִׁירֵי הָאִכָּר	הַשִּׁירִים שֶׁל הָאִכָּר .6
David's uncles	דּוֹדֵי דָּוִד	הַדּוֹדִים שֶׁל דָּוִד .7
The man's fish (pl)	דְּגֵי הָאִישׁ	הַדָּגִים שֶׁל הָאִישׁ .8
Solomon's judgments	מִשְׁפְּטֵי שְׁלֹמֹה	הַמִּשְׁפָּטִים שֶׁל שְׁלֹמֹה .9
Hannah's picture	תְּמוּנַת חַנָּה	הַתְּמוּנָה שֶׁל חַנָּה .10
Hannah's dress	שִׂמְלַת חַנָּה	הַשִּׂמְלָה שֶׁל חַנָּה .11
Hannah's bed	מִטַּת חַנָּה	הַמִּטָּה שֶׁל חַנָּה .12
Hannah's pictures	תְּמוּנוֹת חַנָּה	הַתְּמוּנוֹת שֶׁל חַנָּה .13
The teacher's students	תַּלְמִידוֹת הַמּוֹרָה	הַתַּלְמִידוֹת שֶׁל הַמּוֹרָה .14

A farmer's song	שִׁיר אִכָּר	15. שִׁיר שֶׁל אִכָּר
The farmer's song	שִׁיר הָאִכָּר	16. הַשִּׁיר שֶׁל הָאִכָּר
The farmer's songs are beautiful	שִׁירֵי הָאִכָּר יָפִים	17. הַשִּׁירִים שֶׁל הָאִכָּר יָפִים

The function of this grammatical form is to express the English word *of* in all its meanings, possessive or qualitative: e. g., the son *of* David, the ring *of* gold.

This concept may be expressed in two ways:

1. By using the preposition שֶׁל — *of*, as in English: the hand *of* the man—הַיָּד שֶׁל הָאִישׁ (Ill. 1—15).

2. By the special grammatical form known as the construct state סְמִיכוּת: יַד הָאִישׁ

In the phrase יַד הָאִישׁ, the two words are closely bound to make one compound idea: *the man's hand*. The word יַד is dependent upon the second half of the phrase and is said to be in the construct form—נִסְמָךְ (dependent); הָאִישׁ, upon which the construct יַד depends. is in the genitive—סוֹמֵךְ (supporter).

Thus every noun in Hebrew may have two forms, the absolute form יָד—*hand*—נִפְרָד, and the construct form יַד *the hand of*—נִסְמָךְ

A. Masculine singular nouns:

1. The construct form of masculine singular unchangeable nouns is formed by dropping the definite article and omitting the preposition שֶׁל: הַשִּׁיר שֶׁל הָאִכָּר—שִׁיר הָאִכָּר (Ill. 1—3).

2. These nouns are unchangeable because their respective vowels are primary long vowels that cannot be changed under any circumstances (See Introduction C 2).

3. There are, however, many nouns which have tone-long vowels that change under certain circumstances. Such nouns follow the general rules of vowel changes:

Thus monosyllabic nouns יָד, דָּג vocalized with a קָמֶץ change the tone-long קָמֶץ to a shorter דַּג יַד:פַּתַח The reason for this is obvious. The compound idea of the construct state is taken as one unit. The accent, therefore, is shifted to the second half of the unit, as is always the case in Hebrew, and the pre-tonic long vowel changes to a shorter vowel. Since it is removed one syllable from the accent, it changes to a פַּתַח,[1] for יַד or דָּג is now an unaccented closed syllable and cannot possibly have a long vowel (Ill. 4, 5) (See Introduction H 5).

B. Masculine plural nouns:

1. The construct state of unchangeable plural masculine nouns is formed by dropping the plural ending and changing the vowel חִירְק to צֵירָה: שִׁירִים—שִׁירֵי (Ill. 6, 7).

---

[1] In connection with this explanation it is well to remember a simple rule. The tone-long vowel ָ changes as follows: when originally accented it changes to פַּתַח; unaccented it changes to שְׁוָא

3. Plural nouns like דָּגִים which have only one changeable syllable change the tone-long vowel to a shewa, since now it is removed two places from the accent (Ill. 8, 9).

C. Feminine singular nouns:

Feminine singular nouns ended originally in תָ in the absolute form. Assuming that ending, the construct state will be obvious. The accented syllable in losing its tone changes the tone-long קָמַץ to the shorter פַּתַּח (See above A 3) שְׂמְלַת—שִׂמְלָת—שִׂמְלָה: (Ill. 10—12)

D. Feminine plural nouns:

Nouns of the type of תְּמוּנוֹת are unchangeable. Dividing them into syllables we find that no syllable contains any changeable vowels. Their construct form, therefore, remains unchanged: תַּלְמִידוֹת—תַּלְמִידוֹת (Ill. 13, 14).

E. General Remarks:

1. The construct form—נִסְמָךְ never takes a definite article; the word in the genitive—סוֹמֵךְ takes the article: a) שִׁיר אִכָּר—*a farmer's song*, b) שִׁיר הָאִכָּר—*The farmer's song* (Ill. 15, 16).

2. Since the construct state—סְמִיכוּת is considered one unit, it is obvious that adjectives or any modifying words must follow the entire unit and not be inserted between the construct form and the genitive (Ill. 17)

תַּרְגִּילִים

א. כְּתֹב בִּסְמִיכוּת:

1. הַתַּלְמִידָה שֶׁל דָּוִד. 2. הַיָּד שֶׁל הַיֶּלֶד. 3. הַקּוֹל שֶׁל יוֹסֵף. 4. הַקּוֹלוֹת שֶׁל הַתַּלְמִידִים. 5. הַדּוֹדִים שֶׁל דָּוִד. 6. הַמִּשְׁפָּטִים שֶׁל הַתַּלְמִידִים. 7. הַתְּמוּנוֹת שֶׁל הַחֶדֶר. 8. הַשְּׁאֵלָה שֶׁל הַמּוֹרֶה.

ב. כְּתֹב בְּרַבִּים וְתַרְגֵּם לְאַנְגְּלִית:

1. דּוֹד יוֹסֵף. 2. דַּג דָּוִד. 3. קוֹל הַנַּעַר. 4. מִשְׁפַּט הַמּוֹרֶה. 5. תְּמוּנַת הַחֶדֶר. 6. תַּלְמִידַת בֵּית הַסֵּפֶר. 7. שְׁאֵלַת הַמּוֹרֶה. 8. תְּשׁוּבַת הַתַּלְמִיד. 9. שִׁיר הַתַּלְמִידָה. 10. תַּלְמִיד דָּוִד.

ג. תַּרְגֵּם לְעִבְרִית:

1. David's voice is beautiful.
2. The teacher's question is good.
3. Where are Sarah's pictures?
4. David's sentence is clever.
5. The girl's song is beautiful.
6. The boy's songs are beautiful.
7. The student's answer is good.
8. David's uncles are good people.
9. The student's sentences are long.
10. David's letters are long.

שִׁעוּר עֶשְׂרִים

LESSON TWENTY

א. נְטִיַּת הַשֵּׁמוֹת Nouns with Pronominal Suffixes

1. נִפְרָד: דּוֹד—an uncle נִסְמָךְ: דּוֹד

Singular—יָחִיד

יָחִיד		רַבִּים	
הַדּוֹד שֶׁלִּי—דּוֹדִי	my uncle	הַדּוֹד שֶׁלָּנוּ—דּוֹדֵנוּ	our uncle
הַדּוֹד שֶׁלְּךָ—דּוֹדְךָ	your uncle	הַדּוֹד שֶׁלָּכֶם-דּוֹדְכֶם	your uncle
הַדּוֹד שֶׁלָּךְ—דּוֹדֵךְ	your uncle	הַדּוֹד שֶׁלָּכֶן—דּוֹדְכֶן	your uncle
הַדּוֹד שֶׁלּוֹ—דּוֹדוֹ	his uncle	הַדּוֹד שֶׁלָּהֶם—דּוֹדָם	their uncle
הַדּוֹד שֶׁלָּהּ—דּוֹדָהּ	her uncle	הַדּוֹד שֶׁלָּהֶן—דּוֹדָן	their uncle

שִׁיר, שִׁיר: שִׁירִי, שִׁירְךָ, שִׁירֵךְ, שִׁירוֹ, שִׁירָהּ, שִׁירֵנוּ, שִׁירְכֶם
שִׁירְכֶן, שִׁירָם, שִׁירָן.

גִּבּוֹר, גִּבּוֹר: גִּבּוֹרִי, גִּבּוֹרְךָ, גִּבּוֹרֵךְ, גִּבּוֹרוֹ, גִּבּוֹרָהּ, גִּבּוֹרֵנוּ,
גִּבּוֹרְכֶם, גִּבּוֹרְכֶן, גִּבּוֹרָם, גִּבּוֹרָן.

Plural—רַבִּים

יָחִיד		רַבִּים	
הַדּוֹדִים שֶׁלִּי—דּוֹדַי	my uncles	הַדּוֹדִים שֶׁלָּנוּ—דּוֹדֵינוּ	our uncles

your uncles	הַדּוֹדִים שֶׁלָּכֶם—דּוֹדֵיכֶם	your uncles	הַדּוֹדִים שֶׁלְּךָ—דּוֹדֶיךָ
your uncles	הַדּוֹדִים שֶׁלָּכֶן—דּוֹדֵיכֶן	your uncles	הַדּוֹדִים שֶׁלָּךְ—דּוֹדַיִךְ
their uncles	הַדּוֹדִים שֶׁלָּהֶם—דּוֹדֵיהֶם	his uncles	הַדּוֹדִים שֶׁלּוֹ—דּוֹדָיו
their uncles	הַדּוֹדִים שֶׁלָּהֶן—דּוֹדֵיהֶן	her uncles	הַדּוֹדִים שֶׁלָּהּ—דּוֹדֶיהָ

A. General Observations:

The possessive adjectives are frequently expressed by pronominal suffixes: שִׁירִי—הַשִּׁיר שֶׁלִּי This does not exclude the colloquial use of the noun plus the full adjective: *our books*—הַסְּפָרִים שֶׁלָּנוּ In modern Hebrew it is considered good usage to employ the long form in complex and multisyllable nouns.

B. Unchangeable Nouns:

To this category belong nouns of the following types:

I. Monosyllabic nouns whose only vowel is a pure long unchangeable vowel: שִׁיר, דּוֹד [1]

II. Nouns of more than one syllable which, when divided into their component parts, have unchangeable vowels: גִּבּוֹר—גִּבְּ־בוֹר ;תַּלְמִיד—תַּלְ־מִיד

1. The pronominal endings of the inflected nouns are similar to the endings of the possessive adjectives with some slight changes: שֶׁלִּי—my, דּוֹדִי—my uncle.

2. Note the change of vowel in the second person

[1] Exceptions to this rule are the three nouns: עִיר, שׁוּק, יוֹם, the plurals of which are irregular: עָרִים, שְׁוָקִים, יָמִים

feminine singular and first person plural from קָמַץ to צֵירֶה, not דּוֹדָךְ but דּוֹדֵךְ (unlike the adjective שֶׁלָּךְ).

3. Also in the third person plural there is a change from קָמַץ to צֵירֶה: not דּוֹדָנוּ but דּוֹדֵנוּ (unlike שֶׁלָּנוּ).

4. Note that the third person feminine singular has a mappiq in the ה—דּוֹדָהּ

5. In the plural, the possesive pronominal endings take the form illustrated in the paradigm of דּוֹדִים

6. The sign of the plural is the letter yod. This is best illustrated in the first person plural. The singular דּוֹדֵנוּ has no yod; the plural, דּוֹדֵינוּ has the yod.

The Preposition לִפְנֵי with Pronominal Endings: לִפְנֵי בְּכִנּוּיִים:

לְפָנַי, לְפָנֶיךָ, לְפָנַיִךְ, לְפָנָיו, לְפָנֶיהָ,

לְפָנֵינוּ, לִפְנֵיכֶם, לִפְנֵיכֶן, לִפְנֵיהֶם, לִפְנֵיהֶן.

1. הוּא בָּא לְבֵית הַסֵּפֶר לְפָנַי.

He came to school *before me.*

The man walked *before them.* 2. הָאִישׁ הָלַךְ לִפְנֵיהֶם.

The preposition לִפְנֵי *before* takes on the plural pronominal endings as illustrated above.

א. כְּתֹב בְּיָחִיד:

1. דּוֹדַי 2. סִפּוּרַי 3. שִׁירָיו 4. סִפּוּרָיו 5. דּוֹדֵינוּ

6. סִפּוּרֵינוּ 7. שְׁעוּרֶיהָ 8. סִפּוּרֶיהָ 9. שִׁירֶיךָ 10. שִׁירַיִךְ.

ב. כְּתֹב בְּרַבִּים:

1. סִפּוּרִי 2. קוֹלִי 3. שִׁירִי 4. דּוֹדָהּ 5. שִׁירָהּ 6. סִפּוּרָהּ
7. סִפּוּרְךָ 8. שִׁעוּרֵךְ 9. תַּלְמִידוֹ 10. תַּלְמִידֵנוּ.

ג. הַשְׁלֵם אֶת הַתַּרְגִּיל לְפִי הַדֻּגְמָה:

Complete the exercise according to the illustration:

	נִפְרָד	נִסְמָךְ	שֶׁלִּי	שֶׁלָּכֶם	שֶׁלָּהֶם
1.	דּוֹד	דּוֹד	דּוֹדִי	דּוֹדְכֶם	דּוֹדָם
2.	קוֹל				
3.	שִׁיר				
4.	סִפּוּר				
5.	תַּלְמִיד				

ד. תַּרְגֵּם לְעִבְרִית:

1. All his stories are written in Hebrew.
2. Her stories are good.
3. I heard their voices.
4. We heard their songs.
5. Sarah, your songs are beautiful.
6. Your lessons, David, are good.
7. Her uncle is wealthy.
8. My uncles are in Israel.

9. Boys, I have heard your stories.

10. Girls, your stories are in his book.

11. She wrote the lesson before him.

12. David came into the room before Sarah.

שִׁעוּר עֶשְׂרִים וְאֶחָד

LESSON TWENTY ONE

Noun Inflections—נְטִיַּת הַשֵּׁמוֹת

A. Changeable Qamas: **א. הַקְּמוּצִים:**

1. דָּג, דַּג: דָּגִי, דָּגְךָ, דָּגֵךְ, דָּגוֹ, דָּגָהּ, דָּגֵנוּ, דַּגְכֶם, דַּגְכֶן,
דָּגָם, דָּגָן.

2. דָּבָר, דְּבַר: דְּבָרִי, דְּבָרְךָ, דְּבָרֵךְ, דְּבָרוֹ, דְּבָרָהּ, דְּבָרֵנוּ,
דְּבַרְכֶם, דְּבַרְכֶן, דְּבָרָם, דְּבָרָן.

3. פָּקִיד, פְּקִיד: פְּקִידִי, פְּקִידְךָ, פְּקִידֵךְ, פְּקִידוֹ, פְּקִידָהּ,
פְּקִידֵנוּ, פְּקִידְכֶם, פְּקִידְכֶן, פְּקִידָם, פְּקִידָן.

4. זָקֵן, זְקַן: זְקֵנִי, זְקֵנְךָ, זְקֵנֵךְ, זְקֵנוֹ, זְקֵנָהּ, זְקֵנֵנוּ, זְקַנְכֶם,
זְקַנְכֶן, זְקֵנָם, זְקֵנָן.

5. דָּגִים, דְּגֵי: דָּגַי, דָּגֶיךָ, דָּגַיִךְ, דָּגָיו, דָּגֶיהָ, דָּגֵינוּ, דְּגֵיכֶם,
דְּגֵיכֶן, דְּגֵיהֶם, דְּגֵיהֶן.

6. דְּבָרִים, דִּבְרֵי: דְּבָרַי, דְּבָרֶיךָ, דְּבָרַיִךְ, דְּבָרָיו, דְּבָרֶיהָ,
דְּבָרֵינוּ, דִּבְרֵיכֶם, דִּבְרֵיכֶן, דִּבְרֵיהֶם, דִּבְרֵיהֶן.

7. מִשְׁפָּטִים, מִשְׁפְּטֵי: מִשְׁפָּטַי, מִשְׁפָּטֶיךָ, מִשְׁפָּטַיִךְ,
מִשְׁפָּטָיו, מִשְׁפָּטֶיהָ, מִשְׁפָּטֵינוּ, מִשְׁפְּטֵיכֶם, מִשְׁפְּטֵיכֶן, מִשְׁפְּטֵיהֶם,
מִשְׁפְּטֵיהֶן.

B. Nouns Ending in ב. שֵׁמוֹת שֶׁסּוֹפָם ֶה

1. מוֹרֶה, מוֹרֵה: מוֹרִי, מוֹרְךָ, מוֹרֵךְ, מוֹרוֹ, מוֹרָהּ, מוֹרֵנוּ,
מוֹרְכֶם, מוֹרְכֶן, מוֹרָם, מוֹרָן.

2. מוֹרִים, מוֹרֵי: מוֹרַי, מוֹרֶיךָ, מוֹרַיִךְ, מוֹרָיו, מוֹרֶיהָ, מוֹרֵינוּ,
מוֹרֵיכֶם, מוֹרֵיכֶן, מוֹרֵיהֶם, מוֹרֵיהֶן.

I. Construct State and Absolute Plural:

1. The tone-long vowel קָמַץ has a tendency to change when it loses its accent. If the accent is shifted to the immediately following syllable it changes to a פַּתַּח: הַדָּג שֶׁל דָּוִד—דַּג דָּוִד If it is removed to a further syllable it changes to a שְׁוָא: הַדָּגִים שֶׁל דָּוִד—דְּגֵי דָוִד

2. In words like דָּבָר which have two changeable קְמָצִים the following changes will take place: dividing it into syllables we note that the second syllable בָר in the construct state will be immediately before the accented word, it, therefore, changes to a פַּתַּח: בַר The word thus becomes דְּבַר. The first syllable דָּ is now removed two places from the accent, and changes therefore to a שְׁוָא

4. Similarly in words like זָקֵן the קָמַץ changes to a שְׁוָא; the צֵירֶה, which follows the rules of the tone-long קָמַץ, changes to a פַּתַּח: זְקַן

5. The absolute plural of nouns with one changeable קָמַץ (מִכְתָּב—מִכְתָּבִים, דָּג—דָּגִים) in the accented syllable is regular, and no vowel changes take place, since the tone-long vowel is placed here in an open syllable and requires no change (See Int. H 5).

6. Nouns in which the tone-long קָמַץ is not accented follow the previously explained changes. Thus in the word פָּקִיד, which shifts its accent in the plural to the last syllable, the first syllable is now removed two places from the tone and becomes a שְׁוָא: פְּקִידִים In words like דָּבָר the first קָמַץ follows the same change, the last one like in מִכְתָּב does not change: דְּבָרִים

7. The construct form of דְּבָרִים is regular: דְּבָרִים becomes דְּבְרֵי, but since two vocal שְׁוָאִים cannot appear at the beginning of a word, the first one changes to its nearest vowel, דְּבְרֵי—דִּבְרֵי Similarly, in מִכְתָּבִים, תָּבִים is changeable and becomes: תְּבֵי, the complete word is thus מִכְתְּבֵי

II. Pronominal Endings:

1. Singular:

The noun inflection follows the absolute form: דָּג, דָּגִי. Only the heavy suffixes כֶם, כֶן have a shortening effect on the vowels, and, therefore, are added to the construct form: דַּגְכֶם not דָּגְכֶם

2. Plural:

In the plural with the ־ִים ending, only the heavy endings, of which there are four, are suffixed to the construct form; all the others follow the absolute: דָּגַי ,דְּגֵי—דְּגֵיכֶם ,דְּגֵיהֶם.

III. Nouns Ending in ֶה

1. The singular construct changes the סֶגּוֹל to צֵירֶה: מוֹרֶה ,מוֹרֵה

2. The plural absolute is formed by dropping the ה and adding the regular ending: מוֹרֶה ,מוֹרִים

3. The pronominal suffixes in the singular are added to the stem without the ה: מוֹרִי ,מוֹרְךָ

תַּרְגִּילִים

א. כְּתֹב אֶת הַמִּלִּים שֶׁבְּסוֹגְרַיִם בִּסְמִיכוּת:

1. (הַמִּכְתָּבִים שֶׁל) דּוֹדִי יָפִים. 2. (הַמּוֹרִים שֶׁל) הַתַּלְמִידִים טוֹבִים. 3. (הַמּוֹרֶה שֶׁל) דָּוִד בַּבַּיִת. 4. (הַדְּבָרִים שֶׁל) אָבִי טוֹבִים. 5. (הַמִּשְׁפָּטִים שֶׁל) שָׂרָה עַל הַלּוּחַ. 6. (הַדָּגִים שֶׁל) הָאִישׁ הַזֶּה גְּדוֹלִים.

ב. כְּתֹב בְּמִלָּה אַחַת:

1. הַזָּקֵן שֶׁלָּהּ 2. הַדָּגִים שֶׁלָּנוּ 3. הַמִּשְׁפָּטִים שֶׁלּוֹ.

4. הַדָּבָר שֶׁלִּי 5. הַדָּבָר שֶׁלָּכֶם 6. הַזָּקֵן שֶׁלָּכֶם 7. הַדְּבָרִים שֶׁלָּהֶם 8. הַמִּכְתָּבִים שֶׁלָּהֶם 8. הַמּוֹרִים שֶׁלִּי 10. הַמּוֹרֶה שֶׁלִּי.

ג. תַּרְגֵּם לְעִבְרִית:

1. Her sentences are written in her notebook.
2. His teacher is a good man.
3. My father's words are wise.
4. Our letters are on the table.
5. David, do your teachers write to you?
6. Yes, my teachers write to me.
7. Their letters are beautiful.
8. Boys, your letter was nice.
9. My sentences are on this paper.
10. Their sentences are written well.

שִׁעוּר עֶשְׂרִים וּשְׁנַיִם

LESSON TWENTY TWO

Segholate Nouns with their Pronominal Suffixes: ‏נְטִיַּת הַשֵּׁמוֹת הַסֶּגּוֹלִיִּים:

א. יָחִיד

1. יֶלֶד, יֶלֶד: יַלְדִּי, יַלְדְּךָ, יַלְדֵּךְ, יַלְדּוֹ, יַלְדָּהּ, יַלְדֵּנוּ, יַלְדְּכֶם,
יַלְדְּכֶן, יַלְדָּם, יַלְדָּן.

2. בֶּגֶד, בֶּגֶד: בִּגְדִּי, בִּגְדְּךָ, בִּגְדֵּךְ, בִּגְדוֹ, בִּגְדָּהּ, בִּגְדֵּנוּ, בִּגְדְּכֶם,
בִּגְדְּכֶן, בִּגְדָּם, בִּגְדָּן.

3. סֵפֶר, סֵפֶר: סִפְרִי, סִפְרְךָ, סִפְרֵךְ, סִפְרוֹ, סִפְרָהּ, סִפְרֵנוּ,
סִפְרְכֶם, סִפְרְכֶן, סִפְרָם, סִפְרָן.

4. נַעַר, נַעַר: נַעֲרִי, נַעַרְךָ, נַעֲרֵךְ, נַעֲרוֹ, נַעֲרָהּ, נַעֲרֵנוּ, נַעַרְכֶם,
נַעַרְכֶן, נַעֲרָם, נַעֲרָן.

5. כֹּתֶל, כֹּתֶל: כָּתְלִי, כָּתְלְךָ, כָּתְלֵךְ, כָּתְלוֹ, כָּתְלָהּ, כָּתְלֵנוּ,
כָּתְלְכֶם, כָּתְלְכֶן, כָּתְלָם, כָּתְלָן.

ב. רַבִּים

1. יֶלֶד, יְלָדִים, יְלָדַי: יְלָדַי, יְלָדֶיךָ, יְלָדַיִךְ, יְלָדָיו, יְלָדֶיהָ,
יְלָדֵינוּ, יַלְדֵיכֶם, יַלְדֵיכֶן, יַלְדֵיהֶם, יַלְדֵיהֶן.

2. בֶּגֶד, בְּגָדִים, בְּגָדַי: בְּגָדַי, בְּגָדֶיךָ, בְּגָדַיִךְ, בְּגָדָיו, בְּגָדֶיהָ
בְּגָדֵינוּ, בִּגְדֵיכֶם, בִּגְדֵיכֶן, בִּגְדֵיהֶם, בִּגְדֵיהֶן.

3. סֵפֶר, סְפָרִים, סְפָרַי: סְפָרַי, סְפָרֶיךָ, סְפָרַיִךְ, סְפָרָיו,

סְפָרֶיהָ, סְפָרֵינוּ, סִפְרֵיכֶם, סִפְרֵיכֶן, סִפְרֵיהֶם, סִפְרֵיהֶן.

4. נַעַר, נְעָרִים, נַעֲרֵי: נְעָרַי, נְעָרֶיךָ, נְעָרַיִךְ, נְעָרָיו, נְעָרֶיהָ,
נְעָרֵינוּ, נַעֲרֵיכֶם, נַעֲרֵיכֶן, נַעֲרֵיהֶם, נַעֲרֵיהֶן.

5. כֹּתֶל, כְּתָלִים, כָּתְלֵי: כְּתָלַי, כְּתָלֶיךָ, כְּתָלַיִךְ, כְּתָלָיו,
כְּתָלֶיהָ, כְּתָלֵינוּ, כָּתְלֵיכֶם, כָּתְלֵיכֶן, כָּתְלֵיהֶם, כָּתְלֵיהֶן.

Nouns accented in the first syllable are classified under the heading of *Segholate* nouns. Nouns of this class usually end in a seghol. Words like נַעַר or פֶּרַח also belong to this class, but the פַּתַח in the last syllable has displaced the סֶגֹּל because of the guttural letter.

A. The Singular:

1. *The construct*: There is absolutely no change in any of these nouns.

2. *The pronominal endingss*: Grammarians agree that the original forms of these nouns were יַלְדְ, בִּגְדְ, סִפְרְ, כָּתְלְ. The suffixes, therefore, are added to these forms.

3. Nouns, the second or last letters of which are the gutturals ע, ח, take the composite shewa before a vowel: פִּרְחֲךָ, נַעֲרִי

B. The Plural:

1. The absolute plural of these nouns follows the pattern of the changeable קָמַץ nouns, סְפָרִים, דְּבָרִים

The first vowel is shortened to a vocal shewa, the second is lengthened to a קָמַץ, then the regular ending ִים. is added. Thus סֵפֶר becomes סְפָרִים, etc.

2. The plural construct follows the original singular form: כֹּתֶל—כָּתְלֵי ;יֶלֶד—יַלְדֵי ;סֵפֶר—סִפְרֵי

3. The pronominal endings are added to the absolute form after the ending ִים. has been dropped: סְפָרִים—סְפָרֶיךָ. Only the heavy suffixes (כֶם ,כֶן ,הֶם ,הֶן) are added to the construct form: סִפְרֵיכֶם

II

אַחֲרֵי—*after* with Pronominal Endings: אַחֲרֵי בְּכִנּוּיִים:

אַחֲרַי, אַחֲרֶיךָ, אַחֲרַיִךְ, אַחֲרָיו, אַחֲרֶיהָ, אַחֲרֵינוּ, אַחֲרֵיכֶם, אַחֲרֵיכֶן, אַחֲרֵיהֶם, אַחֲרֵיהֶן.

1. The preposition אַחֲרֵי takes on the same plural pronominal endings as לִפְנֵי (Lesson XV).

תַּרְגִּילִים

Inflect the following: א. הַטֵּה אֶת הַמִּשְׁפָּטִים הַבָּאִים:

1. חַלּוֹנִי פָּתוּחַ, חַלּוֹנְךָ פָּתוּחַ וכו׳,..... 2. מִכְתָּבִי כָּתוּב, מִכְתָּבְךָ כָּתוּב........ 3. מַה שְּׁלוֹמִי, מַה שְּׁלוֹמְךָ........

4. יַלְדֵי בַּבַּיִת........ 5. כָּתְלֵי לָבָן........

א. נַקֵּד וְתַרְגֵּם לְאַנְגְּלִית:

1. ילדינו אינם הולכים לגן. 2. האם הולכים ילדיכם לגן בכל יום? 3. דוד, בגדיך בחדר ולא בחוץ. 4. הלכתי ולקחתי את בגדי. 5. נערי ארץ ישראל חכמים. 6. ספריהם כתובים יפה. 7. ספרי אינם טובים. 8. בגדיה יפים מאד. 9. ספריך טובים. 10. כתליכם לבנים. 11. מה שלומך, דוד? 12: טוב, מה שלומך, שרה? 13. יפה, תודה. ומה שלום האב והאם? 14. טוב מאד, תודה. 15. שלמה מלך אחרי דוד. 16. הלכתי אחריו עד הבית. 17. הלכנו יחד. 18. שלמה, קראתי את כל ספריך עד הסוף. 19. באמת? 20. כן, כתב נא עוד, בבקשה, כי טובים הם מאד.

ג. כְּתֹב בְּרַבִּים:

1. מַלְכִּי 2. בִּגְדְךָ 3. סִפְרֵךְ. 4. נַעֲרֵנוּ 5. כָּתְלְכֶם
6. כָּתְלוֹ. 7. סִפְרוֹ 8. יַלְדָּם 9. יַלְדְּכֶם 10. יַלְדָּהּ.

שִׁעוּר עֶשְׂרִים וּשְׁלשָׁה

LESSON TWENTY THREE

A. The Dual Ending: ַ‑יִם — א. הַסִּיּוּם הַזּוּגִי:

1. רֶגֶל, רֶגֶל, רַגְלִי, רַגְלְכֶם
2. אֹזֶן, אֹזֶן, אָזְנִי, אָזְנְכֶם
3. רַגְלַיִם, רַגְלֵי, רַגְלַי, רַגְלֵיכֶם
4. אָזְנַיִם, אָזְנֵי, אָזְנַי, אָזְנֵיכֶם
5. יָדַיִם, יְדֵי, יָדַי, יְדֵיכֶם

General Observations:

1. Many Hebrew nouns, particularly those referring to members of the body, have a dual number form denoting pairs of things: יָד, יָדַיִם

2. The dual number is formed by adding the ending ַ‑יִם to the noun for both masculine and feminine nouns: יוֹם—*a day*; יוֹמַיִם—*two days*; רֶגֶל—*a foot*; רַגְלַיִם—*two feet.*

3. In case of nouns referring to the members of the body the dual form has taken on the meaning of the plural: רַגְלַיִם means not *two feet,* but *feet* in general.

Noun Inflections:

1. Singular:

רֶגֶל and אֹזֶן are regular segholate nouns and follow the rules of those nouns (See Lesson XXII).

2. Plural: —

Since there are no changeable vowels in the absolute plural, the whole declension is regular, and shows no difference in the heavy suffixes: רַגְלַיִם, רַגְלַי, רַגְלֵיכֶם

B. The Nouns בַּיִת, עַיִן ב. הַשֵּׁמוֹת

1. בַּיִת, בֵּית, בֵּיתִי, בֵּיתְכֶם

2. עַיִן, עֵין, עֵינִי, עֵינְכֶם

3. בָּתִּים, בָּתֵּי, בָּתַּי, בָּתֵּיכֶם

4. עֵינַיִם, עֵינֵי, עֵינַי, עֵינֵיכֶם

All nouns similar to these two in pattern (מִשְׁקָל) follow the same rules in the singular:

1. In the construct, the פַּתָּח is changed to a צֵירֶה, the חִירִיק under the yod is eliminated: בַּיִת—בֵּית

2. The pronominal endings are attached to the construct form: בֵּית—בֵּיתִי, etc.

3. The plural of עַיִן is עֵינַיִם. Since it is an organ of the body, it takes the dual ending. The rest is regular.

4. The word בַּיִת is totally irregular in the plural and is the only one of its kind.

C. Nouns with a Daghesh Inflection: ג. הַשֵּׁמוֹת הַדְּגוּשִׁים:

1. דֹּב, דֹּב, דֻּבִּי, דֻּבְּכֶם

2. גַּן, גַּן, גַּנִּי, גַּנְּכֶם

3. דֻּבִּים, דֻּבֵּי, דֻּבַּי, דֻּבֵּיכֶם

4. גַּנִּים, גַּנֵּי, גַּנַּי, גַּנֵּיכֶם

1. Nouns of the type of דֹּב, גַּן take a daghesh in the second root-letter: גַּן—גַּנִּי ; דֹּב—דֻּבִּי

D. In order to facilitate the study of noun inflections, it is advisable to treat them in a synoptic form.

The basic forms are the absolute, the construct, first person singular and second person masculine plural. Having mastered these forms, the others are comparatively simple:

דָּג, דַּג, דָּגִי, דַּגְכֶם

דָּגִים, דְּגֵי, דָּגַי, דְּגֵיכֶם

תְּמוּנָה, תְּמוּנַת, תְּמוּנָתִי, תְּמוּנַתְכֶם

תְּמוּנוֹת, תְּמוּנוֹת, תְּמוּנוֹתַי, תְּמוּנוֹתֵיכֶם

תַּרְגִּילִים

א. כְּתֹב בְּרַבִּים וְהוֹסֵף תֹּאַר: Write the plural and add an adjective:

1. אֹזֶן 2. רֶגֶל 3. עַיִן 4. גַּן 5. יָד 6. שֵׁן 7. יוֹם 8. בַּיִת

9. דֹּב 10. מוֹרֶה

ב. כְּתֹב בְּיָחִיד:

1. אָזְנַי 2. עֵינֵינוּ 3. יָדָיו 4. שִׁנָּיו 5. שִׁנֶּיהָ 6. אָזְנֵיהֶם
7. גַּנֵּיכֶם 8. רַגְלֶיהָ 9. סְפָרָיו 10. אָזְנָיו

ג. הַשְׁלֵם לְפִי הַדֻּגְמָה:

יֶלֶד, יְלָדִים, יַלְדֵי, יְלָדַי, יַלְדֵיכֶם

1. רֶגֶל 2. יָד 3. סֵפֶר 4. שֵׁן 5. בַּיִת 6. עַיִן 7. מוֹרֶה
8. חֹדֶשׁ

שִׁעוּר עֶשְׂרִים וְאַרְבָּעָה

LESSON TWENTY FOUR

I

Noun Inflections—נְטִיַּת הַשֵּׁמוֹת

A. Nouns Ending in ָה א. שֵׁמוֹת שֶׁסִּיּוּמָם

1. תְּמוּנָה, תְּמוּנַת: תְּמוּנָתִי, תְּמוּנָתְךָ, תְּמוּנָתֵךְ, תְּמוּנָתוֹ, תְּמוּנָתָהּ, תְּמוּנָתֵנוּ, תְּמוּנַתְכֶם, תְּמוּנַתְכֶן, תְּמוּנָתָם, תְּמוּנָתָן.

2. נְדָבָה, נִדְבַת, נִדְבָתִי, נִדְבַתְכֶם.

3. יַלְדָּה, יַלְדַּת, יַלְדָּתִי, יַלְדַּתְכֶם.

4. מַלְכָּה, מַלְכַּת, מַלְכָּתִי, מַלְכַּתְכֶם.

5. תְּמוּנוֹת, תְּמוּנוֹת: תְּמוּנוֹתַי, תְּמוּנוֹתֶיךָ, תְּמוּנוֹתַיִךְ, תְּמוּנוֹתָיו, תְּמוּנוֹתֶיהָ, תְּמוּנוֹתֵינוּ, תְּמוּנוֹתֵיכֶם, תְּמוּנוֹתֵיכֶן, תְּמוּנוֹתֵיהֶם, תְּמוּנוֹתֵיהֶן.

6. נְדָבוֹת, נִדְבוֹת, נִדְבוֹתַי, נִדְבוֹתֵיכֶם.

7. יְלָדוֹת, יַלְדוֹת, יַלְדוֹתַי, יַלְדוֹתֵיכֶם.

8. מְלָכוֹת, מַלְכוֹת, מַלְכוֹתַי, מַלְכוֹתֵיכֶם.

1. The original ת ending explained previously (See lesson XIX, C) has remained in all the forms with pronominal endings (Ill. 1, 5)

2. Nouns like נְדָבָה are typical double קָמַץ nouns: דָּבָה like דָּבָר changes the second קָמַץ to a בַּת—פַּתַּח

and the first one to שְׁוָא, thus creating נְדְבַת. Since no two shewaim may appear at the beginning of a word, the first one changes to the nearest vowel: נִדְבַת (Compare דִּבְרֵי).

3. The attachement of the suffixes in the singular follows the rules of the masculine nouns. The heavy suffixes are thus appended to the construct form: נִדְבָתִי, נִדְבַתְכֶם

4. The plural is similar to the masculine דְּבָרִים with the exception of the ending.

5. In the plural ending וֹת the suffixes are appended to the construct form throughout.

6. Words like מַלְכָּה are segholate nouns, being the feminine of מֶלֶךְ. The plural, therefore, follows the rules of the segholates and becomes מְלָכוֹת. The construct feminine form (As explained in lessonXXII, B) is מַלְכוֹת.

Note that the construct form has no daghesh in the כ. The original קָמַץ in מְלָכוֹת which is now changed to a שְׁוָא has retained its vowel value. It is, therefore, considered a partly vocal shewa which is not followed by a daghesh (See Int. G 4).

B. Nouns Ending in ֶת ב. שֵׁמוֹת שֶׁסִּיּוּמָם

1 דֶּלֶת, דֶּלֶת, דַּלְתִּי, דַּלְתְּכֶם.

2. דְּלָתוֹת, דַּלְתוֹת, דַּלְתוֹתַי, דַּלְתוֹתֵיכֶם.

1. These nouns are segholate feminine nouns and follow the rules of those nouns as explained in lesson XXII.

2. Note the daghesh in the ת in the inflection: דֶּלֶת–דַּלְתִּי. The letter ת in the inflected noun begins a syllable and must therefore take the דָּגֵשׁ קַל (Compare מַלְכִּי, יַלְדִּי).

3. The plural דְּלָתוֹת follows the masculine segholate nouns but ends in the feminine וֹת (Compare יְלָדִים).

C. Nouns Ending in וּת, ִית — ג. שְׁמוֹת שֶׁסִּיּוּמָם וּת, ִית

1. חָנוּת, חָנוּת, חָנוּתִי, חֲנוּתְכֶם.
2. תַּבְנִית, תַּבְנִית, תַּבְנִיתִי, תַּבְנִיתְכֶם.
3. חֲנֻיּוֹת, חֲנֻיּוֹת, חֲנֻיּוֹתַי, חֲנֻיּוֹתֵיכֶם.
4. תַּבְנִיּוֹת, תַּבְנִיּוֹת, תַּבְנִיּוֹתַי, תַּבְנִיּוֹתֵיכֶם.

1. The singular of these nouns presents no irregularities. In the plural form a yod is introduced. Nouns ending in ִית. drop the ending and add ִיּוֹת., becoming תַּבְנִיּוֹת; those ending in וּת drop the ending and add ֻיּוֹת, becoming חֲנֻיּוֹת.

II

A. The Inflective Possessive: — א. שַׁיָּכוּת בִּנְטִיּוֹת:

1. הַסִּפּוּר שֶׁל דָּוִד, סִפּוּר דָּוִד, סִפּוּרוֹ שֶׁל דָּוִד.
2. הַיָּד שֶׁל שָׂרָה, יַד שָׂרָה, יָדָהּ שֶׁל שָׂרָה.
3. הַדּוֹד שֶׁל אַבְרָהָם וְיוֹסֵף, דּוֹד אַבְרָהָם וְיוֹסֵף, דּוֹדָם שֶׁל אַבְרָהָם וְיוֹסֵף.

4. הַתַּלְמִיד שֶׁל שָׂרָה וּדְבוֹרָה. תַּלְמִיד שָׂרָה וּדְבוֹרָה. תַּלְמִידָן שֶׁל שָׂרָה וּדְבוֹרָה.

A later development of the possessive, which is frequently used in Mishnaic and Modern Hebrew, takes the form illustrated above. This construction appears only in the third person.

תַּרְגִּילִים

א. הַשְׁלֵם לְפִי הַדֻּגְמָה:

I. בַּיִת, בֵּית, בֵּיתִי, בֵּיתְכֶם, בֵּיתָם

1. קַיִץ 2. חֹרֶף 3. אֹזֶן 4. עֶבֶד.

II. בֶּגֶד, בְּגָדִים, בִּגְדֵי, בְּגָדַי, בִּגְדֵיכֶם

1. כֹּתֶל 2. אֹזֶן 3. יָד 4. עַיִן 5. נַעַר 6. סֵפֶר 7. מַחְבֶּרֶת. 8. דּוֹדָה 9. שִׂמְלָה.

ב. נַקֵּד וְתַרְגֵּם לְאַנְגְּלִית:

1. שמלתה של שרה. 2. שאלותיו של דוד קשות. 3. בגדיהם של האנשים האלה יפים. 4. תמונותיו של רֶמְבְּרַנְדְּט יפות מאד. 5. מוריו של דוד טובים.

שִׁעוּר עֶשְׂרִים וַחֲמִשָּׁה

LESSON TWENTY FIVE

Noun Inflections: נְטִיַּת הַשֵּׁמוֹת:

Irregular Nouns—שֵׁמוֹת יוֹצְאִים מִן הַכְּלָל

1. אִישׁ, אִישׁ, אִישִׁי, אִישְׁכֶם. אֲנָשִׁים, אַנְשֵׁי, אֲנָשַׁי, אַנְשֵׁיכֶם.

2. אִשָּׁה, אֵשֶׁת, אִשְׁתִּי, אִשְׁתְּכֶם. נָשִׁים, נְשֵׁי, נָשַׁי, נְשֵׁיכֶם.

3. אָב, אֲבִי, אָבִי, אֲבִיכֶם. אָבוֹת, אֲבוֹת, אֲבוֹתַי, אֲבוֹתֵיכֶם.

4. אֵם, אֵם [1], אִמִּי, אִמְּךָ, אִמֵּךְ, אִמּוֹ, אִמָּהּ, אִמֵּנוּ, אִמְּכֶם, אִמְּכֶן, אִמָּם, אִמָּן. אִמּוֹת [2], אִמּוֹת, אִמּוֹתַי, אִמּוֹתֵיכֶם.

5. בֵּן, בֶּן [3], בְּנִי, בִּנְךָ, בְּנֵךְ, בְּנוֹ, בְּנָהּ, בְּנֵנוּ, בִּנְכֶם, בִּנְכֶן, בְּנָם, בְּנָן. בָּנִים, בְּנֵי, בָּנַי, בְּנֵיכֶם.

6. בַּת, בַּת, בִּתִּי, בִּתְּךָ, בִּתֵּךְ, בִּתּוֹ, בִּתָּהּ, בִּתֵּנוּ, בִּתְּכֶם, בִּתְּכֶן, בִּתָּם, בִּתָּן. בָּנוֹת, בְּנוֹת, בְּנוֹתַי, בְּנוֹתֵיכֶם.

7. אָח, אֲחִי, אָחִי, אָחִיךָ, אָחִיךְ, אָחִיו, אָחִיהָ, אָחִינוּ, אֲחִיכֶם, אֲחִיכֶן, אֲחִיהֶם, אֲחִיהֶן.

---

[1] The frequently used nouns *heart* לֵב and *tooth* שֵׁן are inflected in the singular like אֵם.

[2] Also אִמָּהוֹת

[3] The frequently used noun שֵׁם *name* is inflected in the singular like בֵּן.

אַחִים, אָחִי, אַחַי, אַחֶיךָ, אַחַיִךְ, אֶחָיו, אַחֶיהָ, אַחֵינוּ, אֲחֵיכֶם, אֲחֵיכֶן, אֲחֵיהֶם, אֲחֵיהֶן.

8. אָחוֹת, אָחוֹת, וַאֲחוֹתִי, אֲחוֹתְכֶם. אֲחָיוֹת, אַחְיוֹת, אַחְיוֹתַי אחיותֵיכֶם.

תַּרְגִּילִים

א. כְּתֹב אֶת הַנְּטִיָּה הַנְּכוֹנָה:

1. (הָאִשָּׁה שֶׁלִּי) אֵינָהּ בַּבַּיִת. 2. אַיֵּה (הָאִשָּׁה שֶׁלְּךָ)? 3. אִשְׁתִּי הָלְכָה עִם (הָאִשָּׁה שֶׁל) דָּוִד אֶל הַתֵּיאַטְרוֹן. 4. (הָאָח שֶׁלּוֹ) מוֹרֶה, (וְהָאָח שֶׁלִּי) תַּלְמִידוֹ. 5. (הָאָח שֶׁלָּנוּ) נָסַע לְאֶרֶץ יִשְׂרָאֵל. 6. אַיֵּה (הָאָח שֶׁלָּכֶם)? 7. (הָאָב שֶׁלָּהּ) כּוֹתֵב שִׁירִים. 8. (הָאָב שֶׁלָּהֶם) אֵינוֹ בָּעִיר. 9. לְאָן הָלַךְ (הַבֵּן שֶׁלְּךָ)? 10. (הַבֵּן שֶׁלִּי) הָלַךְ אֶל הַגַּן.

ב. תַּרְגֵּם לְעִבְרִית:

1. I have two sisters.
2. Their sisters went to Israel to study.
3. His brothers are good students.
4. My friend's wife is not in New York.
5. Her daughters are very beautiful.
6. "Is your father alive (חַי)?" Joseph asked his brethren.
7. "Yes, they answered, our father is alive."

8. Her mother asked her where she had taken those books.

9. My daughter, you are very young.

10. There are many people in my family: my parents, my grandfather, my two brothers and two sisters.

ג. כְּתֹב בְּמִלָּה אַחַת:

1. הַבַּת שֶׁלִּי 2. הַבֵּן שֶׁל 3. הַבֵּן שֶׁלּוֹ 4. הַבָּנִים שֶׁלָּנוּ 5. הַבָּנוֹת שֶׁלִּי 6. הָאַחִים שֶׁלָּהֶם 7. הָאָב שֶׁלּוֹ 8. הָאֵם שֶׁלָּהּ 9. הָאִשָּׁה שֶׁל 10. הָאִשָּׁה שֶׁלִּי 11. הָאִשָּׁה שֶׁלּוֹ 12. הַלֵּב שֶׁלִּי 18. הַלֵּב שֶׁלָּהּ 14. הַשֵּׁם שֶׁלִּי 15. הַשֵּׁם שֶׁלָּהּ.

ד. כְּתֹב בְּרַבִּים:

שִׂמְלַתְכֶם, מַחְבַּרְתָּם, שִׂמְלָתָם, דַּלְתָּם, שִׂמְלָה, מַלְכָּה, מַלְכַּת, תַּלְמִידַתְכֶם, תַּלְמִידַת, אֳנִיָּה (boat), אֳנִיַּתְכֶם, אֳנִיַּת.

שִׁעוּר עֶשְׂרִים וְשִׁשָּׁה

LESSON TWENTY SIX

I

| Cardinal Numbers: | | | מִסְפָּרִים יְסוֹדִיִּים: |

	נְקֵבָה		זָכָר

נִסְמָךְ	נִפְרָד	נִסְמָךְ	נִפְרָד	
אַחַת	אַחַת	אַחַד	אֶחָד	1.
שְׁתֵּי	שְׁתַּיִם	שְׁנֵי	שְׁנַיִם	2.
שְׁלֹשׁ	שָׁלֹשׁ	שְׁלֹשֶׁת	שְׁלֹשָׁה	3.
אַרְבַּע	אַרְבַּע	אַרְבַּעַת	אַרְבָּעָה	4.
חֲמֵשׁ	חָמֵשׁ	חֲמֵשֶׁת	חֲמִשָּׁה	5.
שֵׁשׁ	שֵׁשׁ	שֵׁשֶׁת	שִׁשָּׁה	6.
שְׁבַע	שֶׁבַע	שִׁבְעַת	שִׁבְעָה	7.
שְׁמֹנֶה	שְׁמֹנֶה	שְׁמֹנַת	שְׁמֹנָה	8.
תְּשַׁע	תֵּשַׁע	תִּשְׁעַת	תִּשְׁעָה	9.
עֶשֶׂר	עֶשֶׂר	עֲשֶׂרֶת	עֲשָׂרָה	10.

I have one brother.	יֵשׁ לִי אָח אֶחָד.	1.
I have one sister.	יֵשׁ לִי אָחוֹת אַחַת.	2.
How many rooms are in the house?	כַּמָּה חֲדָרִים בַּבַּיִת?	3.

Two.   ‎—שְׁנַיִם.

‎4. בַּבַּיִת שְׁנֵי חֲדָרִים.   There are two rooms in the house.

‎5. כַּמָּה תְּמוּנוֹת עַל הַקִּיר?—שְׁתַּיִם.
How many pictures are on the wall?—Two.

‎6. עַל הַקִּיר שְׁתֵּי תְּמוּנוֹת.
There are two pictures on the wall.

‎7. בֶּן כַּמָּה שָׁנִים אַתָּה? בֶּן כַּמָּה אַתָּה?
How old are you?

‎8. הוּא בֶּן עֶשֶׂר שָׁנִים. הוּא בֶּן עֶשֶׂר.
He is ten years old.

‎9. הִיא בַּת עֶשֶׂר שָׁנִים. הִיא בַּת עֶשֶׂר.
She is ten years old.

‎10. מָה הַשָּׁעָה? כַּמָּה הַשָּׁעָה? אֵיזוֹ שָׁעָה?
What time is it?

It is nine o'clock.   ‎11 תֵּשַׁע שָׁעוֹת.

At what time?   ‎12. בְּאֵיזוֹ שָׁעָה? בְּכַמָּה שָׁעוֹת?

‎13. בְּשָׁעָה תֵּשַׁע. בְּתֵשַׁע. בַּשָּׁעָה הַתְּשִׁיעִית.
At nine o'clock.

1. The cardinal numbers are placed before the noun, except אַחַת, אֶחָד which are placed after the noun (Ill. 1—9) [1]

---

[1] For further discussion of numbers see lesson 28, p. 230.

2. In modern Hebrew the absolute form of the number is used, except for the numbers שְׁנַיִם, שְׁתַּיִם which take the construct form שְׁנֵי, שְׁתֵּי before nouns (Ill. 4, 6).

In Biblical Hebrew both the absolute and construct forms are used, the construct mainly before the definite article: חֲמֵשֶׁת הַיְלָדִים, חֲמֵשׁ הַיְלָדוֹת [2]

II

Pronominal Endings of נְטִיַּת בִּשְׁבִיל

בִּשְׁבִילִי, בִּשְׁבִילְךָ, בִּשְׁבִילֵךְ, בִּשְׁבִילוֹ, בִּשְׁבִילָהּ

בִּשְׁבִילֵנוּ, בִּשְׁבִילְכֶם, בִּשְׁבִילְכֶן, בִּשְׁבִילָם, בִּשְׁבִילָן.

1. הָאָב לוֹקֵחַ אֶת הַסֵּפֶר בִּשְׁבִיל בְּנוֹ.

The father is taking the book *for* his son.

2. עֲשֵׂה זֹאת בִּשְׁבִילֵנוּ.

Do it *for us* (*for our sake*).

3. אֶעֱשֶׂה הַכֹּל בִּשְׁבִילְךָ.

I shall do everything *for you*.

4. הַהוֹרִים עוֹשִׂים דְּבָרִים רַבִּים בִּשְׁבִיל יַלְדֵיהֶם.

The parents do many things *for* their children.

[2] The somewhat strange phenomenon that the masculine number has the feminine endings ־ֶת, ־ָה has been explained in various ways. The most plausible of the explanations is that originally the numbers were considered abstract nouns and as most abstract nouns had a feminine ending. Later on, when the numbers began to serve as modifiers of nouns and had to be differentiated into genders, the existing form (אַרְבָּעָה, שְׁלֹשָׁה, וכו') was accepted for the masculine number, and the feminine was formed without the existing suffixes.

Like most prepositions in Hebrew, בִּשְׁבִיל takes pronominal endings and is translated *for me, for you,* etc.

תַּרְגִּילִים

א. נַקֵּד וְתַרְגֵּם לְאַנְגְּלִית:

1. בבית הספר חדרים רבים. 2. בכל חדר מורה אחד ותלמידים רבים. 3. בחדר אחד יש עשרה תלמידים ותשע תלמידות. 4. בשעה תשע באים התלמידים אל בית הספר. 5. הם יושבים ולומדים שעה אחת. 6. המורה אומר: „למדנו עד היום שבעה שעורים, היום נלמד עוד שעור אחד." 7. נלמד לִסְפֹּר: אחת, שתים, שלש ארבע, ועוד.

ב. עֲנֵה עַל הַשְּׁאֵלוֹת:

1. כמה חלונות בחדר? 2. כמה לוחות? 3. כמה קירות? 4. תמונות? 5. כמה שלחנות? 6. כמה רגלים לשלחן? 7. ולאיש? 8. כמה אֶצְבָּעוֹת (fingers) לאיש? 9. וכמה אצבעות בכל יד?

ג. כְּתֹב אֶת הַמִּסְפָּרִים בְּעִבְרִית: Write the numbers in Hebrew:

1 יֶלֶד, 5 יְלָדִים, 2 ילדים, 6 ילדים, 3 ילדים, 7 ילדים,

4 ילדים, 9 ילדים, 10 ילדים, 1 יַלְדָּה, 2 יְלָדוֹת, 9 ילדות,
7 ילדות, 5 ילדות, 3 ילדות, 6 ילדות, 8 ילדות, 10 ילדות.

ד. תַּרְגֵּם לְעִבְרִית:

1. The boy is ten years old.
2. How old is she?
3. The girl is six years old.
4. Two men.
5. Six women.
6. I count: one, two, three, etc.
7. There are seven trees in the garden.
8. How old is he?
9. I am going to school at eight o'clock.
10. I study there six hours a day.

שִׁעוּר עֶשְׂרִים וְשִׁבְעָה

LESSON TWENTY SEVEN

I

Ordinal Numbers: מִסְפָּרִים סִדּוּרִיִּים:

זָכָר:

1. רִאשׁוֹן 2. שֵׁנִי 3. שְׁלִישִׁי 4. רְבִיעִי 5. חֲמִשִּׁי 6. שִׁשִּׁי
7. שְׁבִיעִי 8 שְׁמִינִי 9. תְּשִׁיעִי 10. עֲשִׂירִי.

נְקֵבָה:

1. רִאשׁוֹנָה 2. שְׁנִיָּה (שֵׁנִית) 3. שְׁלִישִׁית 5. רְבִיעִית
5. חֲמִשִּׁית 6. שִׁשִּׁית 7. שְׁבִיעִית 8. שְׁמִינִית 9. תְּשִׁיעִית
10. עֲשִׂירִית.

II

יְמֵי הַשָּׁבוּעַ

יוֹם רִאשׁוֹן, יוֹם א׳ Sunday

יוֹם שֵׁנִי, יוֹם ב׳ Monday

יוֹם שְׁלִישִׁי, יוֹם ג׳ Tuesday

יוֹם רְבִיעִי, יוֹם ד׳ Wednesday

יוֹם חֲמִשִּׁי, יוֹם ה׳ Thursday

יוֹם שִׁשִּׁי, יוֹם ו׳, עֶרֶב שַׁבָּת Friday

שַׁבָּת Saturday

מוֹצָאֵי שַׁבָּת Saturday night

1. אֲנִי הָרִאשׁוֹן. I am the first one.

2. הוּא הָאַחֲרוֹן.   He is the last one.

3. הַשֵּׁנִי בַּשׁוּרָה   The second in line

4. יוֹם הַשַּׁבָּת הוּא הַיוֹם הַשְּׁבִיעִי בַּשָׁבוּעַ.

Saturday is the seventh day of the week.

1. The ordinal number has the same relation to the noun as the adjective and similarly follows the noun (Ill. 4).

2. Ordinal numbers are derived from the cardinal numbers except רִאשׁוֹן which is derived from רֹאשׁ, *head*.

III

The Particle אֶת with Pronominal Endings:

אִתִּי, אִתְּךָ, אִתָּךְ, (אִתֵּךְ), אִתּוֹ, אִתָּהּ   with me, with you, etc.

אִתָּנוּ, אִתְּכֶם, אִתְּכֶן, אִתָּם, אִתָּן.

אֲנִי הוֹלֵךְ אִתּוֹ (עִמּוֹ).   I go *with him*.

הוּא הוֹלֵךְ אִתָּהּ (עִמָּהּ).   He goes *with her*.

1. The particle אֶת with pronominal endings takes on the meaning of *with* and is synonymous with עִם

תַּרְגִּילִים

א. נַקֵּד וְתַרְגֵּם לְאַנְגְּלִית:

שבעה ימים בשבוע: יום ראשון, יום שני, יום שלישי,

יום רביעי, יום חמשי, יום ששי, יום שבת.

התלמידים לומדים בבית הספר חמשה ימים בשבוע ואינם לומדים ביום השבת וביום הראשון. האנשים עובדים חמשה ימים או ששה ימים. למורים אין מנוחה בחרף: בימי העבודה הם עובדים בבית הספר ובימי המנוחה הם קוראים את חבורי התלמידים. ימי המנוחה של המורים הם בקיץ.

ב. הַשְׁלֵם:

1. הָאֲנָשִׁים עוֹבְדִים בִּימֵי............ 2. הַיְלָדִים הוֹלְכִים לְבֵית הַכְּנֶסֶת בְּיוֹם............ 3. הַתַּלְמִידִים אֵינָם לוֹמְדִים בְּבֵית הַסֵּפֶר בְּיוֹם............ וּבְיוֹם............ 4. יוֹם הַשַּׁבָּת הוּא הַיּוֹם .... בַּשָּׁבוּעַ. 5. בְּעֶרֶב .... עוֹמְדִים נֵרוֹת עַל הַשֻּׁלְחָן.

ג. תַּרְגֵּם לְעִבְרִית:

1. I am the first one in school.
2. Saturday I go to the synagogue.
3. Friday night I eat a good meal.
4. Saturday and Sunday I do not go to school.
5. There are seven days in a week.
6. These are the days: Sunday, Monday, Tuesday, etc.
7. In every lesson there are ten questions and ten answers.
8. Father goes to the synagogue and I go with him.
9. Sabbath is the seventh day of the week.
10. Saturday night I heard a few beautiful songs.

שִׁעוּר עֶשְׂרִים וּשְׁמֹנָה

LESSON TWENTY EIGHT

The Use of the Daghesh—דָּגֵשׁ קַל וְדָגֵשׁ חָזָק

he dressed	לָבַשׁ	in *the* house	בַּבַּיִת
he will dress	יִלְבַּשׁ	in *a* house	בְּבַיִת
a coat	בֶּגֶד	You will say	תֹּאמַר אַתָּה תֹּאמַר
in *the* coat	בַּבֶּגֶד		
in *a* coat	בְּבֶגֶד	You are coming	אַתְּ בָּאָה
to break	שָׁבֹר לִשְׁבֹּר	She is coming	הִיא בָּאָה

Daghesh Lene—דָּגֵשׁ קַל

A. The Daghesh Lene דָּגֵשׁ קַל differentiates between the hard aspirate pronunciation of the letters בּגּדּכּפּתּ and their softer spirant counterpart בגדכפת

B. In Modern Sephardic pronunciation the difference has remained only in three sounds בּכּפּ—בכפ; in Ashkenazic there is also a difference in ת—תּ. The difference in the pronunciation of גּדּ—גד has been obliterated in the course of time and their differentiation has been preserved only in Yemenite pronunciation and in vocalized

Hebrew writing. The following are two rules for the daghesh lene:

1. It occurs at the beginning of a word: בֵּן, בַּיִת

2. It occurs in the middle of the word after a quiescent shewa: יִשְׁבֹּר, תִּזְכֹּר. In both cases the breath retains its full force and there is no need for a spirant sound.

C. The letters בגדכפת following words ending in א, ה, ו, י do not take any daghesh: לָמַדְתִי תוֹרָה, שֶׁמָּא תֹאמַר. If, however, one of the בגדכפת comes after a pause, it retains its hard pronunciation:

לֹא, בָּאתִי אֶתְמוֹל, but לֹא בָאתִי אֶתְמוֹל

This rule of omission of daghesh lene after א, ה, ו, י has not been accepted in modern spoken Hebrew, and it has become one of those burdensome rules applying only to textbooks and classrooms. Even some modern poets have begun deliberately to disregard this rule, which is at odds with current pronunciation. (See Introduction to the poems of Jacob Kopelewich, Tel Aviv, Keren Zangwill, 1932, the vocalization in the Magazine *Gilyonoth* and the Dikduk Halashon Haivrith by Isaac Livni, Jerusalem, Dror, 1942, p. 19). In this textbook we shall follow current pronunciation except for direct quotations from sources where omission of the daghesh had been observed.

Daghesh Forte—דָּגֵשׁ חָזָק

A. The daghesh forte doubles the sound of the consonant in which it occurs and it usually represents an assimilated letter.

In English the assimilation takes place by doubling the letter following it, *inlegal—illegal.* In Hebrew the assimilated sound is substituted by a daghesh in the following letter which actually corresponds to the same doubling of the letter.

We have seen how the word מִן שֻׁלְחָן becomes מִשֻּׁלְחָן (See Lesson XV). Similarly יִנְסַע becomes יִסַּע, יִנְפֹּל—יִפֹּל. According to some grammarians the Hebrew definite article had been הַנְ or הַלְ and the daghesh following it represents the assimilated letter נְ or לְ.

Likewise, in the case of inner strengthening of a word, the strong form of ישלח becomes יְשַׁלְלח and then יְשַׁלַּח, etc.

B. It is, however, difficult for the student to know all the etymological changes, and the following very useful rules have been evolved (For exceptions see Lesson 11, p. 163)

1. The daghesh forte occurs after a short unaccented vowel: כַּמָּה, כִּסֵּא

2. It occurs in all letters except in the gutturals which cannot be doubled: דִּבֵּר, סִפֵּר but מִהֵר, הִתְרַחֵץ

3. The daghesh that follows a vowel is therefore the daghesh forte: סִפּוּר, otherwise it is a daghesh lene: בַּיִת, יִשְׁבֹּר

C. For the beginner who is uncertain about the differentiation and is interested only in the practical phases of the pronunciation of the בכפ (in Ashkenazic also ת), the following three rules combined for both types of daghesh are suggested. A daghesh occurs:

1. At the beginning of a word: בַּיִת

2. After a quiescent shewa: יִשְׁבֹּר

3. After a short unaccented vowel: סִפֵּר

D. It is also advisable for the beginner to know where a daghesh cannot be placed:

1. After a שְׁוָא נָע: בְּבַיִת

2. After a long vowel: שָׁבַר

תַּרְגִּילִים

א. נַקֵּד:

1. שברתי 2. תשבר 3. ימכר 4. תמכר 5. למכר 6. לבש 7. ללבש 8. תלבש 9. בְּכסף 10. בַּכסף 11. כה 12. בְּכה.

ב. תַּרְגֵּם לְעִבְרִית וְנַקֵּד:

1. He broke. 2. He will break. 3. To break. 4. He
wrote. 5. He will write. 6. To write. 7. Money. 8. My
money. 9. A notebook. 10. My notebook. 11. He counted.
12. He will count. 13. To count.

שִׁעוּר עֶשְׂרִים וְתִשְׁעָה

LESSON TWENTY NINE

I

מִשְׁקְלֵי פָּעֵל וּפָעֹל

שָׂמֹחַ, לִשְׂמֹחַ

הֹוֶה: שָׂמֵחַ, שְׂמֵחָה, שְׂמֵחִים, שְׂמֵחוֹת.

חָפֵץ, חֲפֵצָה, חֲפֵצִים, חֲפֵצוֹת.

עָבָר: שָׂמַחְתִּי, שָׂמַחְתָּ, שָׂמַחַתְּ, שָׂמַח (חָפֵץ), שָׂמְחָה,

שָׂמַחְנוּ, שְׂמַחְתֶּם, שְׂמַחְתֶּן, שָׂמְחוּ.

עָתִיד: אֶשְׂמַח, תִּשְׂמַח, תִּשְׂמְחִי, יִשְׂמַח, תִּשְׂמַח,

נִשְׂמַח, תִּשְׂמְחוּ, תִּשְׂמַחְנָה, יִשְׂמְחוּ, תִּשְׂמַחְנָה.

צִוּוּי: שְׂמַח, שִׂמְחִי, שִׂמְחוּ, שְׂמַחְנָה.

יָכֹל

הֹוֶה: יָכֹל, יְכֹלָה, יְכֹלִים, יְכֹלוֹת.

עָבָר: יָכֹלְתִּי, יָכֹלְתָּ, יָכֹלְתְּ, יָכֹל, יָכְלָה.

יָכֹלְנוּ, יְכָלְתֶּם, יְכָלְתֶּן, יָכְלוּ.

עָתִיד: אוּכַל, תּוּכַל, תּוּכְלִי, יוּכַל, תּוּכַל.

נוּכַל, תּוּכְלוּ, תּוּכַלְנָה, יוּכְלוּ, תּוּכַלְנָה.

1. הוּא חָפֵץ לִסְגֹּר אֶת הַדֶּלֶת.

1. He *wants* to close the door.

2. הוּא חָפֵץ לִסְגֹּר אֶת הַדֶּלֶת.

2. He *wanted* to close the door.

3. He *was* glad. — 3. הוּא שָׂמַח.

4. He *is* glad. — 4. הוּא שָׂמֵחַ.

5. לֹא יָכְלוּ מִצְרַיִם לִשְׁתּוֹת מִן הַיְאֹר.

5. The Egyptians *could not* drink water from the river.

6. He *is sleeping*. — 6. הוּא יָשֵׁן.

7. שְׁלֹשָׁה סְפָרִים חֲסֵרִים פֹּה.

8. Three books *are missing* here.

A. The third person singular masculine of the past tense is generally regarded grammatically as the ground form of the verb. Its variations are called מִשְׁקָל, מִשְׁקָלִים, and the letters of the word פעל (which means both *verb* and *action*) were accepted by the Jewish grammarians of the Middle Ages as the standard root-letters of the מִשְׁקָלִים

Thus we say that most of the regular verbs illustrated in the foregoing lessons are in the מִשְׁקַל of פּוֹעֵל (שׁוֹמֵר, כּוֹתֵב) in the present tense and in the משקל of פָּעַל (כָּתַב, שָׁמַר) in the past tense.

B. The stative verbs illustrated in this lesson show the following deviations:

1. They take in the present tense the *mishkal* of פָּעֵל: שָׂמֵחַ, חָפֵץ. The most frequently used are שָׂנֵא, עָצֵב, גָּדֵל, שָׁמֵן, זָקֵן, יָשֵׁן, שָׂמֵחַ, חָפֵץ, מָלֵא, צָמֵא

2. In the past tense most of these verbs belong to the regular *mishkal* of פָּעַל (שָׂמַח), others take also in the past tense the *mishkal* פָּעֵל. The most frequent of the latter are יָשֵׁן, חָפֵץ

C. 1. There are a few verbs which take the rare *mishkal* of פָּעֹל: יָכֹל, קָטֹן, יָגֹר, שָׁכֹל. Of these only יָכֹל is frequently used and should be studied by the beginner.

2. The future of יָכֹל is irregular. Some consider it a changed form of הָפְעַל which will be studied later (Lesson 24, p. 214).

II

Prepositions with Pronominal Endings

בֵּין: בֵּינִי, בֵּינְךָ, בֵּינֵךְ, בֵּינוֹ, בֵּינָהּ, בֵּינֵינוּ, בֵּינֵיכֶם, בֵּינֵיכֶן, בֵּינֵיהֶם, בֵּינֵיהֶן.

אֶל: אֵלַי, אֵלֶיךָ, אֵלַיִךְ, אֵלָיו, אֵלֶיהָ, אֵלֵינוּ, אֲלֵיכֶם, אֲלֵיכֶן, אֲלֵיהֶם, אֲלֵיהֶן.

There are wise men *among us*. יֵשׁ בֵּינֵינוּ אֲנָשִׁים חֲכָמִים.

He sits *between* (*among*) *us*. הוּא יוֹשֵׁב בֵּינֵינוּ.

בּוֹא אֵלַי. Come *to me.*

תַּרְגִּילִים

א. נַקֵּד וְתַרְגֵּם:

1. הנער שומע את השעור. 2. הילדים שמחים.
3. החדר מלא אנשים. 4. הנער חפץ לכתב במחברה.
5. איני יכל לפתח את הדלת. 6. האיש חפץ לבוא
אלי אתמול. 7. הילד חפץ לכתב את המכתב היום.
8. יכלתי לבוא ולא חפצתי. 9. הנער צחק ושמח כאשר
ראה את אביו. 10. הנערה שמחה כשהחיט תפר לה
את השמלה.

ב. הַשְׁלֵם לְפִי הַדֻּגְמָה:

עָתִיד	עָבָר	הֹוֶה
אֶכְתֹּב	כָּתַבְתִּי	אֲנִי כּוֹתֵב

1. אֲנִי שָׂמֵחַ 2. אַתָּה יָכֹל 3. אַתְּ חֲפֵצָה 4. הוּא חָפֵץ
5. הִיא שְׂמֵחָה 6. אֲנַחְנוּ יְכֹלִים 7. אַתֶּם שְׂמֵחִים 8. אַתֶּן
חֲפֵצוֹת 9. הֵם שׁוֹמְעִים 10. הֵן סוֹגְרוֹת.

ג. תַּרְגֵּם לְעִבְרִית:

1. I want to write a letter.
2. Can you open the door?

3. The house is full.

4. He is growing.

5. He wants to close the window.

6. He wanted.

7. He was happy.

8. He will be happy.

9. He wants to come to me today.

10. There are good students among us.

שִׁעוּר שְׁלֹשִׁים

LESSON THIRTY

פָּעֲלֵי פּ׳ גְּרוֹנִית—Pe Guttural Verbs

עָבַד, לַעֲבֹד

הֹוֶה: עוֹבֵד, עוֹבֶדֶת, עוֹבְדִים, עוֹבְדוֹת.

עָבָר: עָבַדְתִּי, עָבַדְתָּ, עָבַדְתְּ, עָבַד, עָבְדָה, עָבַדְנוּ, עֲבַדְתֶּם, עֲבַדְתֶּן, עָבְדוּ.

עָתִיד: אֶעֱבֹד, תַּעֲבֹד, תַּעַבְדִי, יַעֲבֹד, תַּעֲבֹד, נַעֲבֹד, תַּעַבְדוּ, תַּעֲבֹדְנָה, יַעַבְדוּ, תַּעֲבֹדְנָה (אֶחֱזַק, תֶּחֱזַק, תֶּחֶזְקִי, יֶחֱזַק, וכו׳).

צִוּוּי: עֲבֹד, עִבְדִי, עִבְדוּ, עֲבֹדְנָה (חֲזַק, חִזְקִי, חִזְקוּ, חֲזַקְנָה).

חָפֵץ, לַחְפֹּץ

עָתִיד: אֶחְפֹּץ, תַּחְפֹּץ, תַּחְפְּצִי, יַחְפֹּץ, תַּחְפֹּץ, נַחְפֹּץ, תַּחְפְּצוּ, תַּחְפֹּצְנָה, יַחְפְּצוּ, תַּחְפֹּצְנָה.

1. אֶעֱמֹד עַל יַד הַחַלּוֹן. *I shall stand* near the window.

2. אֶעֱמֹד עַל דַּעְתִּי. *I shall insist.*

3. הֵם יַעַבְדוּ עֲבוֹדָה קָשָׁה. *They will do* hard work.

4. לָמָּה עֲזַבְתֶּם אֶת הָאִישׁ? Why *have you left* the man?

5. לֹא יוּכַל הַנַּעַר לַעֲזֹב אֶת אָבִיו (בראשית מ״ד, כ״ב).

The lad cannot *leave* his father.

6. שֵׁשֶׁת יָמִים תַּעֲבֹד (שמות כ׳, ט׳).

Six days *shalt thou labour.*

A. The verbs having guttural root-letters belong to a special semi-irregular group — *Guttural Verbs.*

There are two main characteristics of these verbs:

1. The guttural letters cannot be doubled in pronunciation and therefore do not take a daghesh forte: מַהֵר as contrasted with סַפֵּר

2. They take a composite shewa instead of the simple shewa in order to retain the consonantal value of their root-letters: אֶעֱבֹד unlike אֶשְׁמֹר

B. The verb עָבַד illustrates the peculiarities of the verbs with a guttural first letter:

1. The present tense is regular.

2. In the past tense the second person plural עֲבַדְתֶּם, עֲבַדְתֶּן takes a composite shewa. In the pronunciation of עְבַדְתֶּם the consonantal value of the ע would have been entirely lost.

3. In the future tense the first person singular אֶעֱבֹד follows the regular pattern אֶשְׁמֹר ☞ אֶעֱבֹד and the ע takes for euphony the sound ֱ

4. All other forms take the ֲ because of the affinity of the ע and ח toward that sound: יַעֲבֹד, תַּעֲבֹד

Some grammarians emphasize the fact that originally the form of the future tense was יִשְׁמַר which became יִשְׁמֹר, whereas in the case of the gutturals the original vowel has been preserved.

5. The stative verbs have the form of אֶחֱזַק ,תֶּחֱזַק

6. When the first guttural root-letter is followed by one of the בגדכפת letters, the verb is frequently conjugated after the pattern of אֶחְפֹּץ

תַּרְגִּילִים

א. נַקֵּד וְתַרְגֵּם לְאַנְגְּלִית:

— שלום, יעקב.

— שלום, יוסף.

— העובד אתה היום?

— לא, אינני עובד היום. עזבתי את עבודתי.

— מדוע?

— העבודה היתה קשה מאד, עשר שעות ביום, ואחרי העבודה לא יכלתי ללמד.

— ובכן?

— אעבד במקום אחר.

— כמה שעות תעבד?

— שבע שעות.

— הגם ביום הראשון צריך אתה לעבד?

— לא. אהיה חפשי שני ימים, ביום השבת וביום הראשון.

– יפה מאד, שלום. להתראות בבית הספר.

– שלום, להתראות.

ב. שַׁנֵּה מֵעָבָר לֶעָתִיד וּמֵעָתִיד לֶעָבָר:

עָבַדְתִּי, חָפַצְתָּ, עָזַבְתְּ, יָכֹל, עָבְדָה, נַעֲבֹד, תַּעַזְבוּ, יוּכְלוּ, יַעֲמֹד, תַּעַמְדִי.

ג. תַּרְגֵּם לְעִבְרִית:

1. He worked six days.
2. Saturday is the seventh day of the week.
3. I could not work.
4. I cannot work.
5. He wanted to work.
6. He wants to work.
7. He is happy.
8. She left the house on Sunday.
9. Do not work.
10. She is happy when she works.

שִׁעוּר שְׁלֹשִׁים וְאֶחָד

LESSON THIRTY ONE

I

פָּעֳלֵי ע׳ גְּרוֹנִית

שָׁאַל, לִשְׁאֹל:

הֹוֶה: שׁוֹאֵל, שׁוֹאֶלֶת, שׁוֹאֲלִים, שׁוֹאֲלוֹת.

עָבָר: שָׁאַלְתִּי, שָׁאַלְתָּ, שָׁאַלְתְּ, שָׁאַל, שָׁאֲלָה, שָׁאַלְנוּ, שְׁאַלְתֶּם, שְׁאַלְתֶּן, שָׁאֲלוּ.

עָתִיד: אֶשְׁאַל, תִּשְׁאַל, תִּשְׁאֲלִי, יִשְׁאַל, תִּשְׁאַל, נִשְׁאַל, תִּשְׁאֲלוּ, תִּשְׁאַלְנָה, יִשְׁאֲלוּ, תִּשְׁאַלְנָה.

צִוּוּי: שְׁאַל, שַׁאֲלִי, שַׁאֲלוּ, שְׁאַלְנָה.

בֵּינוֹנִי פָּעוּל: שָׁאוּל, שְׁאוּלָה, שְׁאוּלִים, שְׁאוּלוֹת.

They ask questions.	1. הֵם שׁוֹאֲלִים שְׁאֵלוֹת.
He will scold the child.	2. הוּא יִגְעַר בַּיֶּלֶד.
Do not be angry.	3. אַל תִּכְעַס.
The girls will be afraid.	4. הַנְּעָרוֹת תִּפְחַדְנָה.
	5. שְׁאַל שְׁאֵלוֹת וַאֲנִי אֶעֱנֶה.

Ask questions and I shall answer.

1. In the present tense the second root-letter takes the composite shewa in order to retain its consonontal value: שׁוֹאֲלִים☜שׁוֹאְלִים☜שׁוֹמְרִים

2. The past tense is regular except for the forms שָׁאֲלוּ, שָׁאֲלָה

3. In the future tense these verbs take the מִשְׁקַל אֶפְעַל instead of the מִשְׁקַל אֶפְעֹל, and the composite shewa occurs wherever the guttural would have otherwise remained vowelless: תִּשְׁאֲלִי☜תִּשְׁאְלִי☜תִּשְׁמְרִי

4. In the imperative the first root-letter before the composite shewa takes for euphony the vowel of the following composite shewa: שַׁאֲלִי, שַׁאֲלוּ

II

ב with Pronominal Endings—ב בְּכִנּוּיִים

בִּי, בְּךָ, בָּךְ, בּוֹ, בָּהּ, בָּנוּ, בָּכֶם, בָּכֶן, בָּהֶם, בָּהֶן.

1. חֶדְרְךָ יָפֶה, אֵשֵׁב בּוֹ.

Your room is beautiful ,I shall sit *there*.

2. הַבַּיִת רֵיק, אֵין בּוֹ דָּבָר.

The house is empty, there is nothing *in it*.

3. הוּא הִסְתַּכֵּל בִּי. He looked *at me.*

4. הָאֵם נָעֲרָה בָּהּ. The mother scolded *her.*

5. בַּדֶּרֶךְ אֲשֶׁר יָבֹא, בָּהּ יָשׁוּב (מלכים ב׳, י״ט, ל״ג).
By the way that he came, *by the same* shall he return.

The preposition בּ with the pronominal endings is usually translated *in me, in you, in it,* etc. In some idiomatic expressions it is translated *at* (Ill. 3). *there* (Ill. 1), *by the* (Ill. 5). It may also be translated without prepositions (Ill. 4).

תַּרְגִּילִים

א. נַקֵּד וְתַרְגֵּם לְאַנְגְּלִית:

1. אל תשאל שאלות הרבה. 2. אם תגערי בילדים, יצעקו. 3. אשה צועקת, מי לא יפחד? 4. אבחר ספר יפה לקריאה. 5. בשנה הבאה יבחרו בנשיא. 6. המורה יכעס, אם תשאל עוד שאלות. 7. הקיץ עבר וגם החרף יעבר. הטוב עבר וגם הרע יעבר. 8. בחר בדרך הטובה, אל תבחר בדרך הרעה. 9. תרגיליך אינם טובים, יש בהם שגיאות רבות. 10. הדרך הטוב, אך אין בו כסאות.

Supply the proper forms of the verbs as illustrated:

כ. הַשְׁלֵם לְפִי הַדֻּגְמָה:

עָתִיד	עָבָר	הֹוֶה
אֶשְׁמֹר	שָׁמַרְתִּי	אֲנִי שׁוֹמֵר

1. אַתָּה שׁוֹאֵל 2. אַתְּ צוֹעֶקֶת 3. אַתְּ שׁוֹאֶלֶת 4. הוּא עוֹבֵר 5. הִיא כּוֹעֶסֶת 6. אֲנַחְנוּ פּוֹחֲדִים 7. אַתֶּם נוֹעֲרִים 8. הֵם בּוֹחֲרִים 9. הֵן בּוֹחֲרוֹת.

שִׁעוּר שְׁלשִׁים וּשְׁנַיִם

LESSON THIRTY TWO

מִשְׁקַל אֶפְעַל; פְּעָלֵי ל׳ גְּרוֹנִית

שָׁכֹב, לִשְׁכַּב

עָתִיד: אֶשְׁכַּב, תִּשְׁכַּב, תִּשְׁכְּבִי, יִשְׁכַּב, תִּשְׁכַּב, נִשְׁכַּב, תִּשְׁכְּבוּ, תִּשְׁכַּבְנָה, יִשְׁכְּבוּ, תִּשְׁכַּבְנָה.

צִוּוּי: שְׁכַב, שִׁכְבִי, שִׁכְבוּ, שְׁכַבְנָה.

שָׁמֹעַ, לִשְׁמֹעַ

הֹוֶה: שׁוֹמֵעַ, שׁוֹמַעַת, שׁוֹמְעִים, שׁוֹמְעוֹת.

עָבָר: שָׁמַעְתִּי, שָׁמַעְתָּ, שָׁמַעַתְּ, שָׁמַע, שָׁמְעָה, שָׁמַעְנוּ, שְׁמַעְתֶּם, שְׁמַעְתֶּן, שָׁמְעוּ.

עָתִיד: אֶשְׁמַע, תִּשְׁמַע, תִּשְׁמְעִי, יִשְׁמַע, תִּשְׁמַע, נִשְׁמַע, תִּשְׁמְעוּ, תִּשְׁמַעְנָה, יִשְׁמְעוּ, תִּשְׁמַעְנָה.

צִוּוּי: שְׁמַע, שִׁמְעִי, שִׁמְעוּ, שְׁמַעְנָה.

Hear, O Israel.	1. שְׁמַע יִשְׂרָאֵל.
I shall obey him.	2. אֶשְׁמַע בְּקוֹלוֹ.
I shall lie down at six o'clock.	3. אֶשְׁכַּב בְּשָׁעָה שֵׁשׁ.
Do not send him.	4. אַל תִּשְׁלַח אוֹתוֹ.
The president *will speak*.	5. הַנָּשִׂיא יִנְאַם.

You will be purified. 6. אַתֶּם תִּטָּהֲרוּ.

I shall be very pleased. 7. יִנְעַם לִי מְאֹד.

8. בַּשָּׁנָה הַזֹּאת נִבְחַר בְּנָשִׂיא.

This year *we shall elect* a president.

Do not forget my request. 9. אַל תִּשְׁכַּח אֶת בַּקָּשָׁתִי.

10. הַיּוֹם אֶלְבַּשׁ מְעִיל חָדָשׁ.

I shall put on a new coat today.

The following verbs take in the future tense and in the imperative the מִשְׁקַל אֶפְעַל:

1. The stative and intransitive verbs: [1] אֶשְׁכַּב, אֶגְדַּל

2. Verbs having a guttural as the second root-letter: אֶשְׁאַל

3. Verbs having ע or ח as the third root-letter: אֶשְׁלַח

תַּרְגִּילִים

Supply the proper form of the verbs: א. כְּתֹב אֶת הַצּוּרָה הַנְּכוֹנָה שֶׁל הַפֹּעַל:

1. אֲנִי (למד) אֶת הַשִּׁיר מָחָר. 2. אַתֶּן (שאל—עתיד) שְׁאֵלוֹת. 3. מַדּוּעַ לֹא (הלך) אֶל בֵּית הַסֵּפֶר אֶתְמוֹל?

---

[1] Some verbs, though intransitive in their English translation, follow the מִשְׁקַל אֶפְעֹל: אֶמְלֹךְ, אֶעֱמֹד, אֶקְצֹף; others, though transitive in English, follow אֶפְעַל: אֶלְבַּשׁ, אֶלְמַד

4. אַתָּה חוֹלֶה, (שכב) בַּמִּטָּה. 5. אַתֶּן (חפץ–הוה) לִכְתֹּב מִכְתָּב. 6. הוּא (עבד) עֲבוֹדָה קָשָׁה מָחָר. 7. אַתְּ (שמע) אֶת הַסִּפּוּר אֶתְמוֹל. 8. (שמע) בְּנִי, דִּבְרֵי אָבִיךָ. 9. הַנַּעֲרָה אָמְרָה כִּי (שמע) בְּקוֹל אָבִיהָ. 10. הַנַּעַר אָמַר כִּי (עבד) הֵיטֵב בַּשָּׁנָה הַבָּאָה.

ב. הַשְׁלֵם לְפִי הַדֻּגְמָה:

הֹוֶה	עָבָר	עָתִיד
הוּא כּוֹתֵב	כָּתַב	יִכְתֹּב
1. הוּא שׁוֹמֵר	....	יִשְׁמֹר
2. אֲנַחְנוּ זוֹכְרִים	זָכַרְנוּ	....
3.	רָכַבְתִּי	אֶרְכַּב
4. אַתְּ שׁוֹאֶלֶת	....	תִּשְׁאֲלִי
5. הֵן שׁוֹאֲלוֹת	שָׁאֲלוּ	....
6.	בְּחַרְתֶּם	תִּבְחֲרוּ
7. אַתְּ שׁוֹמַעַת	....	תִּשְׁמְעִי
8. אַתֶּן שׁוֹלְחוֹת	שְׁלַחְתֶּן	....
9.	שָׁלַחְתָּ	תִּשְׁלַח
10. אַתְּ עוֹבֶרֶת	....	תַּעַבְרִי

עָתִיד	עָבָר	הֹוֶה
....	עָבְדוּ	11. הֵם עוֹבְדִים
תַּעֲזֹב	....	12. הִיא עוֹזֶבֶת

חֵלֶק שֵׁנִי

PART TWO

שִׁעוּר רִאשׁוֹן

Lesson One

IRREGULARITIES IN HEBREW VERBS

A. There are two types of irregularities in Hebrew verbs:

1. One of the root letters has become weak and lost its consonantal value as the א in תֹּאמַר.

2. A letter has been assimilated because of its weakness and was compensated by a daghesh forte in the following letter: תִּנְפֹּל - תִּפֹּל.

B. 1. In the Hebrew grammars verbs of the first category are referred to as נָחִים (*quiescent*), the others, as חֲסֵרִים (*missing*).

2. In the present text we will classify them in accordance with the place of the weak letter:

a. Thus the verb אכל has a weak א which is a first root-letter or a פּ' הַפֹּעַל. We will therefore name it a פ״א (פֵּא אָלֶף) verb.

b. Similarly the verb ישב is a פ״י verb; נפל is a פ״נ verb; קום is an ע״ו verb; שיר is an ע״י verb; מצא is a ל״א verb; קנה is a ל״ה verb, etc.

פְּעָלֵי פ״א

אָכֹל — לֶאֱכֹל

עָתִיד: אֹכַל, תֹּאכַל, תֹּאכְלִי, יֹאכַל, תֹּאכַל, נֹאכַל, תֹּאכְלוּ, תֹּאכַלְנָה,

יֹאכְלוּ, תֹּאכַלְנָה.

צִוּוּי : אֱכֹל, אִכְלִי, אִכְלוּ, אֱכֹלְנָה.

אָסֹף — לֶאֱסֹף

עָתִיד: אֶאֱסֹף, תֶּאֱסֹף, תַּאַסְפִי, יֶאֱסֹף, תֶּאֱסֹף, נֶאֱסֹף, תַּאַסְפוּ, תֶּאֱסֹפְנָה, יַאַסְפוּ, תֶּאֱסֹפְנָה.

צִוּוּי : אֱסֹף, אִסְפִי, אִסְפוּ, אֱסֹפְנָה.

אָהֹב — לֶאֱהֹב

עָתִיד: אֹהַב, תֶּאֱהַב, תֶּאֶהֱבִי, יֶאֱהַב, תֶּאֱהַב, נֶאֱהַב, תֶּאֶהֱבוּ, תֶּאֱהַבְנָה, יֶאֶהֱבוּ, תֶּאֱהַבְנָה.

צִוּוּי : אֱהַב, אֶהֱבִי, אֶהֱבוּ, אֱהַבְנָה.

1. אַתָּה תֹּאכַל מָחָר בְּבֵיתִי. *You will eat* tomorrow in my house.
2. בְּבַקָּשָׁה לֵאמֹר לוֹ שֶׁיִּפְגֹּשׁ אוֹתִי עַל יַד הַמָּלוֹן.
3. אֱמֹר נָא לוֹ, שֶׁיִּפְגֹּשׁ אוֹתִי עַל יַד הַמָּלוֹן.

Please *tell him* to meet me near the hotel.

4. זֶרַע רַב תּוֹצִיא הַשָּׂדֶה וּמְעַט תֶּאֱסֹף (כ״ח, ל״ח).

You will carry much seed out into the field and *will gather* little in.

THE פ״א VERBS

1. The following verbs belong to the category of אכל: אמר *to say,* אבד *to be lost,* אהב *to love,* אחז *to hold.* אבה *to wish,* אפה *to bake*[1].
2. Of these, אהב is only partly irregular as illustrated. אחז belongs both to the category of אכל and אסף;

אבה and אפה belong also to the ל"ה (Lesson 7, p. 150.) The most frequently used in this group are אמר and אכל.

3. The verb אמר has a special irregularity in the infinitive: לֵאמֹר (Biblical) and also לוֹמַר (The Mishnaic form).

4. All other verbs beginning with א belong to the category of אסף.

תַּרְגִּילִים

א. נַקֵּד וְתַרְגֵּם לְאַנְגְּלִית:

1. אאסף את חברי אל ביתי. 2. בשעה שתים נאכל ארוחת הצהרים. 3. אמי אינה בעיר ואני אכל בבית חברי. 4. אמר לבני, שיאכל אתי היום. 5. אמר לאחיך, שיכתב לי מכתב 6. התאהב את בנך אם לא ישמע בקולך? 7. אני חפץ לאמר לו, שיאכל אתנו היום. 8. כשתאסף את האנשים, תאמר להם את דברי. 9. ספרך יאבד אם לא תשמר עליו. 10. כשהילדים ירעבו, יאכלו את כל הלחם. 11. אכל מעט, כי איני רעב. 12. כשתרעב, תאכל הרבה.

ב. כְּתֹב אֶת הַצּוּרָה הַנְּכוֹנָה שֶׁל הַפֹּעַל:

הוה	עבר	עתיד
1. אֲנִי אוֹהֵב	....	....
2. אַתָּה אוֹכֵל	....	....

[1] As illustrated in the paradigms, the פ"א verbs are regular in the past and present tenses.

.3 אַתְּ אוֹמֶרֶת ....

.4 הוּא אוֹסֵף ....

.5 הִיא אוֹסֶפֶת ....,

.6 אֲנַחְנוּ אוֹכְלִים ....

.7 אַתֶּם אוֹמְרִים ....

.8 הֵם שׁוֹאֲלִים ....

.9 אַתֶּן עוֹבְדוֹת ....

.10 הֵן שׁוֹלְחוֹת ....

שִׁעוּר שֵׁנִי

Lesson Two

פְּעָלֵי פ״י

יָשַׁב — לָשֶׁבֶת

עָתִיד: אֵשֵׁב, תֵּשֵׁב, תֵּשְׁבִי, יֵשֵׁב, תֵּשֵׁב, נֵשֵׁב, תֵּשְׁבוּ, תֵּשַׁבְנָה, יֵשְׁבוּ,
תֵּשַׁבְנָה.

צִוּוּי : שֵׁב, שְׁבִי, שְׁבוּ, שֵׁבְנָה (שַׁבְנָה).

יָדַע — לָדַעַת

עָתִיד: אֵדַע, תֵּדַע, תֵּדְעִי, יֵדַע, תֵּדַע, נֵדַע, תֵּדְעוּ, תֵּדַעְנָה, יֵדְעוּ,
תֵּדַעְנָה.

צִוּוּי : דַּע, דְּעִי, דְּעוּ, דַּעְנָה.

יָשַׁן — לִישֹׁן

עָתִיד: אִישַׁן, תִּישַׁן, תִּישְׁנִי, יִישַׁן, תִּישַׁן, נִישַׁן, תִּישְׁנוּ, תִּישַׁנָּה, יִישְׁנוּ,
תִּישַׁנָּה.

צִוּוּי : יְשַׁן, יִשְׁנִי, יִשְׁנוּ, יְשַׁנָּה.

1. הוּא יֵלֵךְ אֶל בֵּיתִי. — He *will go* to my house.
2. הוּא יֵדַע אֶת הַשִּׁעוּר. — He *will know* the lesson.
3. הוּא יִישַׁן בְּבֵיתִי. — He *will sleep* in my house.
4. בְּעֶצֶב תֵּלְדִי בָנִים (בראשית ג׳, ט״ז).
   In pain *thou shalt bring forth* children.
5. לֹא יִישָׁן שׁוֹמֵר יִשְׂרָאֵל (תהלים קכ״א, ד׳).
   He sleepeth not, the keeper of Israel.
6. בִּנְעָרֵינוּ וּבִזְקֵנֵינוּ נֵלֵךְ (שמות י׳, ט׳).
   We will go with our young and with our old.

ו. הִנֵּה מַה טּוֹב וּמַה נָּעִים שֶׁבֶת אַחִים גַּם יָחַד (תהלים קל״ג, א׳).

Behold, how good and how pleasant it is for brethren *to dwell* together.

THE פ״י VERBS

A. The most frequent verbs of this class—ידע, ילד, ילך, יצא, ירד, ישב, lose the י in the future tense and in the imperative, receiving a long vowel in the prefix: אֵרֵד, אֵשֵׁב In the infinitive construct they take the ת ending: שֶׁבֶת, רֶדֶת, etc.[1]

B. The other פ״י group retains the י in all tenses, but only as a vowel. As to the infinitive construct, some, like ישן, have the regular yod formation: לִישֹׁן; others, like ירש, retain both forms: לָרֶשֶׁת, לִירֹשׁ.

C. There is a third group in which the assimilated י is replaced by a following daghesh in compensation for the missing letter: אֶצֹּק, יָצֹק The verbs belonging to this group are, however, few and infrequent.

תַּרְגִּילִים

א. נַקֵּד וְתַרְגֵּם:

1. נשב אל השלחן ונאכל. 2. אלך מחר אל בית חברי. 3. טוב לשבת בין אחים. 4. הילדה תרד מעל הכסא. 5. מחר תלכו אל בית הספר. 6. האיש ילך אל הבית. 7. בבקשה ללכת אתי. 8. אם תלמד, תדע. 9. נישן בבית אבינו. 10. אני אלך מהר והוא ילך לאט לאט.

ב. מְצָא אֶת הַמִּלִּים הָאַנְגְּלִיּוֹת הַמַּתְאִימוֹת לָעִבְרִיּוֹת:

[1] The Mishnaic form of these verbs is לֵישֵׁב, לֵילֵךְ, etc.

Match the English with the Hebrew:

תֵּלַכְנָה, תֵּרֵד, יֵשֵׁב, נֵדַע, תֵּדַע, תִּישְׁנוּ, א, יֹאכְלוּ, לָלֶכֶת,
לָדַעַת, יֶאֱהַב.

1. He will sit. 2. She will go down. 3. They (f) will go. 4. We shall know. 5. I shall go out. 6. You (pl. m) will sleep. 7. She will know. 8. They (m) will eat. 9. He will love. 10. To know. 11. To walk. 12. To sing.

שִׁעוּר שְׁלִישִׁי

Lesson Three

פָּעֳלֵי פּ״נ

נָפֹ׳ל — לִנְפֹּל

עָתִיד: אֶפֹּל, תִּפֹּל, תִּפְּלִי, יִפֹּל, תִּפֹּל, נִפֹּל, תִּפְּלוּ, תִּפֹּלְנָה, יִפְּלוּ, תִּפֹּלְנָה.

צִוּוּי : נְפֹל, נִפְלִי, נִפְלוּ, נְפֹלְנָה.

נָסֹ׳עַ — לִנְסֹעַ

עָתִיד: אֶסַּע, תִּסַּע, תִּסְעִי, יִסַּע, תִּסַּע, נִסַּע, תִּסְעוּ, תִּסַּעְנָה, יִסְעוּ, תִּסַּעְנָה.

צִוּוּי : סַע, סְעִי, סְעוּ, סַעְנָה.

נָאֹם — לִנְאֹם

עָתִיד: אֶנְאַם, תִּנְאַם, תִּנְאֲמִי, יִנְאַם, תִּנְאַם, נִנְאַם, תִּנְאֲמוּ, תִּנְאַמְנָה, יִנְאֲמוּ, תִּנְאַמְנָה.

צִוּוּי : נְאַם, נַאֲמִי, נַאֲמוּ, נְאַמְנָה.

Do not touch the sick child.	1. אַל תִּגַּע בַּנַּעַר הַחוֹלֶה.
Come here.	2. גְּשׁוּ הֵנָּה.
You will ride tomorrow in the train.	3. תִּסַּע מָחָר בָּרַכֶּבֶת.
You will ride on a horse.	4. תִּרְכַּב עַל סוּם.
I shall travel to Israel next year.	5. בַּשָּׁנָה הַבָּאָה אֶסַּע לְאֶרֶץ יִשְׂרָאֵל.
She will fall.	6. הִיא תִּפֹּל.
Do not be discouraged.	7. אַל תִּפֹּל בְּרוּחֲךָ.
The President will speak.	8. הַנָּשִׂיא יִנְאַם.

The vowelless נ is very weak and it either becomes a nasal sound or is altogether omitted. Some languages compensate for the loss of the N by doubling the following consonant (*inmemorial - immemorial*). The Hebrew language compensates it with a daghesh (See lesson XXVIII, Vol. I).

1. The category of the נפל group is the most frequent one. The מִשְׁקָל is אֶפְעֹל and the imperative retains the נ.

2. The group of נסע is less frequent. The מִשְׁקָל is אֶפְעַל and the imperative, following the future, loses the נ.

3. The verbs which have a guttural letter after the נ (נאם, נהג) are formed regularly. Since the guttural letter cannot be doubled (and hence does not take a daghesh), the נ is retained (try to pronounce a vowelless N before a guttural sound and see that you put more stress on the N than you would have done before a letter which is not guttural).

תַּרְגִּילִים

א. נַקֵּד וְתַרְגֵּם לְאַנְגְּלִית:

1. נטעתי עץ בתל אביב. 2. האנשים נוסעים לעבודה. 3. קשה ללכת ברגל. 4. שמר על הילדה, שלא תפל מעל הכסא. 5. כאשר הנשיא נואם הולכים כל האנשים לשמע לנאומו. 6. במכתבי כתבתי לך, שלא תסע לארץ רחוקה; סע לארץ קרובה. 7. גש הנה, אני חפץ לאמר לך דבר. 8. אמר לו, שלא יגע בנער החולה. 9. נטע עצים בגנים. 10. בשנה הבאה נסע לקליפורניה.

ב. נַקֵּד אֶת הַפְּעָלִים (כֻּלָּם בִּזְמַן עָתִיד):

אטע, אסע, אשב, תאכלו, תשבו, תנאמו, אעבד, אעזר, אשאל, אשלח, אישן, ארד, אפל, ימכרו, יכתבו, יעבדו, ישאלו, ירדו, יצאו, ילכו, יפלו, יטעו, ינאמו.

ג. תַּרְגֵּם לְעִבְרִית:

1. He travels every year to Israel. 2. It is good to travel in the United States. 3. The boy will fall off the chair if you do not watch him. 4. I shall plant trees in my garden. 5. The President of the United States will speak tomorrow. 6. It is good to eat the fruit of the trees which we ourselves had planted. 7. Do not touch the boy. 8. He came down from the mountain. 9. She wants to know why we did not go to Israel. 10. Do not make any speeches.

שִׁעוּר רְבִיעִי

Lesson Four

נָתֹן — לָקֹחַ

נָתֹן — לָתֵת

עָבָר: נָתַתִּי, נָתַתָּ, נָתַתְּ, נָתַן, נָתְנָה, נָתַנּוּ, נְתַתֶּם, נְתַתֶּן, נָתְנוּ.

עָתִיד: אֶתֵּן, תִּתֵּן, תִּתְּנִי, יִתֵּן, תִּתֵּן, נִתֵּן, תִּתְּנוּ, תִּתֵּנָּה, יִתְּנוּ, תִּתֵּנָּה.

צִוּוּי: תֵּן, תְּנִי, תְּנוּ, תֵּנָּה.

עָתִיד: אֶקַּח, תִּקַּח, תִּקְחִי, יִקַּח, תִּקַּח, נִקַּח, תִּקְחוּ, תִּקַּחְנָה, יִקְחוּ, תִּקַּחְנָה.

צִוּוּי: קַח, קְחִי, קְחוּ, קַחְנָה.

1. טוֹב לָתֵת מִלָּקַחַת. — It is better *to give* than to take.

2. תֵּן לִי אֶת הַסֵּפֶר. — *Give* me the book.

3. אֶקַּח אֶת הַסֵּפֶר. — *I shall take* the book.

4. בַּבֹּקֶר תֹּאמַר מִי יִתֵּן עֶרֶב (דברים כ״ח, ס״ז).
In the morning you will say, "*Would it were* evening".

5. כֹּל אֲשֶׁר לָאִישׁ יִתֵּן בְּעַד נַפְשׁוֹ (איוב ב׳ ד׳).
All that a man has *will he give* for his life.

6. לִפְנֵי עִוֵּר לֹא תִתֵּן מִכְשׁוֹל (ויקרא י״ט, י״ד).
Thou shalt not put a stumbling block before the blind.

7. תְּנוּ שֵׁכָר לְאוֹבֵד וְיַיִן לְמָרֵי נָפֶשׁ (משלי ל״א, ו׳).
Give strong drink to him that is perishing and wine to the bitter in soul.

A. לקח is similar to the פ״נ verbs. The vowelless weak ל is omitted and is compensated by a daghesh (See Lesson XXVIII, Vol. I). This verb is one of its kind.

In all other פ״ל verbs the ל remains even when it is vowelless : לָמַד-אֶלְמַד.

B. The verb נתן, as illustrated, is doubly defective, since it has the weak נ in both the first root-letter and the third root-letter. Some Hebrew grammarians call it therefore חַסְרֵי הַקְּצָווֹת i. e. *missing ends.* Like לקח it is a unique verb:

1. The present is regular: נוֹתֵן.
2. In the past it loses the last root-letter when vowelless: נָתַתִּי and not נָתַנְתִּי.
3. In the future it loses the first root-letter: אֶתֵּן and not אֶנְתֵּן.
4. In the construct infinitive it loses both the first and the third root-letters: תֵּת.
5. As in the פ״י verbs the Mishnaic form of the infinitive is לִיתֵּן.

תַּרְגִּילִים

א. כְּתֹב אֶת הַצּוּרָה הַנְּכוֹנָה שֶׁל הַפֹּעַל:

.1 ישב —אֲנִי — עָתִיד..........

-2 ילך —אַתָּה— עָתִיד..........

.3 אמר—אַתְּ — עָתִיד..........

.4 ידע —הוּא — עָתִיד..........

.5 שלח—הִיא — הוֶֹה ....

.6 נתן — אֲנַחְנוּ—עָבָר ....

.7 לקח— אַתֶּם —עָבָר ....

.8 לקח— אַתֶּם —עָתִיד..........

.9 נתן — אַתֶּן —עָבָר ....

10 שמע— אַתְּ —עָבָר ....

ב. נַקֵּד וְהַשְׁלֵם אֶת הַפֹּעַל:

1. הוא (נתן) לי מחר את הספר. 2. אתה (לקח) מחר את המחברת. 3. אם (ידע) את השעור (נתן) לך המורה ציּוּן (mark) טוב. 4. אני חפץ (נתן) לך ניר. 5. התלמיד חפץ (כתב) את השעור. 6. ראובן, אל (לקח) את מחברתי. 7. רבקה, (נתן) לי בבקשה את הניר. 8. אחי (נתן) לי אתמול את ספרו. 9. מי (נסע) מהר אל העיר? 10. רבקה, בבקשה (לקח) את העט וכתבי מכתב לאחיך.

שִׁעוּר חֲמִשִּׁי

Lesson Five

פְּעָלֵי ע״ו, ע״י

קוּם — לָקוּם

הֹוֶה : קָם, קָמָה, קָמִים, קָמוֹת.

עָבָר : קַמְתִּי, קַמְתָּ, קַמְתְּ, קָם, קָמָה, קַמְנוּ, קַמְתֶּם, קַמְתֶּן, קָמוּ.

עָתִיד: אָקוּם, תָּקוּם, תָּקוּמִי, יָקוּם, תָּקוּם, נָקוּם, תָּקוּמוּ, תָּקֹמְנָה
(תְּקוּמֶינָה) יָקוּמוּ, תָּקֹמְנָה (תְּקוּמֶינָה).

צִוּוּי : קוּם, קוּמִי, קוּמוּ, קֹמְנָה.

שִׁיר — לָשִׁיר

הֹוֶה : שָׁר, שָׁרָה, שָׁרִים, שָׁרוֹת.

עָבָר : שַׁרְתִּי, שַׁרְתָּ, שַׁרְתְּ, שָׁר, שָׁרָה, שַׁרְנוּ, שַׁרְתֶּם, שַׁרְתֶּן, שָׁרוּ.

עָתִיד: אָשִׁיר, תָּשִׁיר, תָּשִׁירִי, יָשִׁיר, תָּשִׁיר, נָשִׁיר, תָּשִׁירוּ, תָּשֵׁרְנָה,
יָשִׁירוּ, תָּשֵׁרְנָה.

צִוּוּי : שִׁיר, שִׁירִי, שִׁירוּ, שֵׁרְנָה.

מוּת — לָמוּת

הֹוֶה : מֵת, מֵתָה, מֵתִים, מֵתוֹת.

עָבָר : מַתִּי, מַתָּ, מַתְּ, מֵת, מֵתָה, מַתְנוּ, מַתֶּם, מַתֶּן, מֵתוּ.

עָתִיד: אָמוּת, תָּמוּת, וכו׳.

צִוּוּי : מוּת, מוּתִי, מוּתוּ, מֹתְנָה.

צוּחַ — לָצוּחַ

הֹוֶה : צָוֵחַ, צוַחַת, צוְחִים, צוְחוֹת.

עָבָר: צַוַּחְתִּי, צַוַּחְתָּ, צַוַּחַתְּ, צָוַח, צָוְחָה, וכו׳.
עָתִיד: אֶצְוַח, תִּצְוַח, תִּצְוְחִי, יִצְוַח, תִּצְוַח, וכו׳

1. אֲנִי שָׁר שִׁירִים. — *I sing* songs.

2. שַׁרְתִּי שִׁירִים. — *I sang* songs.

3. אָשִׁיר שִׁירִים. — *I shall sing* songs.

4. וְגָר זְאֵב עִם כֶּבֶשׂ (ישעיה י״א, ו׳). — And the wolf *shall dwell* with the sheep.

5. מִפְּנֵי שֵׂיבָה תָּקוּם (ויקרא י״ט, ל״ב). — *Thou shalt rise up* before the hoary head.

6. אֵין אָדָם דָּר עִם נָחָשׁ בִּכְפִיפָה אַחַת (יבמות קי״ב).
A man *does not dwell* with a serpent in the same wicker basket.

7. אַל תְּהִי בָז לְכָל אָדָם (אבות ד׳, ג׳). — *Do not despise* any man.

8. אִם עַם הָאָרֶץ הוּא חָסִיד, אַל תָּדוּר בִּשְׁכוּנָתוֹ (שבת ס״ג).
If an ignorant person is pious, *do not live* in his neighborhood.

9. שׁוּבוּ אֵלַי...וְאָשׁוּב אֲלֵיכֶם (זכריה א׳ ג׳).
Return unto me and *I will return* unto you.

10. עַד מָתַי עָצֵל תִּשְׁכָּב, מָתַי תָּקוּם מִשְּׁנָתֶךָ? (משלי ו׳, ט׳).
How long wilt thou sleep, oh sluggard, when *wilt thou arise* of thy sleep?

1. Originally the ע״ו verb קוּם was most probably pronounced קְוָם like צָוַח. Since the ו is a very weak letter, its consonantal value was lost in the course of time. It became a vowel in the future tense and in the imperative, and has been entirely lost in the present and past tenses.

2. The ע״י verbs follow the ע״ו verbs closely in the past and present tenses. In the future tense and the imperative there is however a slight deviation: שִׁיר, אָשִׁיר קוּם, אָקוּם, תָּקֹמְנָה; תָּשֵׁרְנָה.

3. The ע״ו and ע״י are so closely related that some verbs may be used both as ע״ו and ע״י: לִין, לוּן; דִּין, דּוּן.
4. Four verbs have some irregularities : בּוֹשׁ, אוֹר, מוּת טוֹב. Of these only מוּת is used frequently.
5. The verbs צוּחַ, נוּעַ are regular as illustrated. This is most probably due to the guttural following the ו.

תַּרְגִּילִים

Match the following: **א. הַתְאֵם אֶת הַמִּלִּים הַבָּאוֹת:**

1. He will return. 2. They (m) will sing. 3. She will fly. 4. We shall return. 5. I shall sit. 6. I shall return. 7. He will sit. 8. He will travel. 9. They (m) will return. 10. They (m) will sit.

תָּעוּף, אֵשֵׁב, יֵשְׁבוּ יִסַּע יָשׁוּבוּ, אָשׁוּב, יֵשֵׁב, יָשׁוּב, נָשׁוּב, יָשִׁירוּ.

ב. הַשְׁלֵם:

הֹוֶה	עָבָר	עָתִיד	הֹוֶה	עָבָר	עָתִיד
אֲנִי קָם	....	....	אֲנַחְנוּ נָסִים	....	....
אַתָּה שָׁב	....	....	אַתֶּם טָסִים	....	....
אַתְּ לָנָה	....	....	אַתֶּן עָפוֹת	....	....
הוּא שָׁר	....	....	הֵם צוֹחִים	....	....
הִיא גָּרָה	....	....	הֵן גּוֹעוֹת	....	....

שִׁעוּר שִׁשִּׁי

Lesson Six

פְּעָלֵי ל"א

קָרָא — לִקְרֹא

הֹוֶה : קוֹרֵא, קוֹרֵאת (קוֹרְאָה), קוֹרְאִים, קוֹרְאוֹת.

עָבָר: קָרָאתִי, קָרָאתָ, קָרָאת, קָרָא, קָרְאָה, קָרָאנוּ, קְרָאתֶם, קְרָאתֶן, קָרְאוּ.

עָתִיד: אֶקְרָא, תִּקְרָא, תִּקְרְאִי, יִקְרָא, תִּקְרָא, נִקְרָא, תִּקְרְאוּ, תִּקְרֶאנָה, יִקְרְאוּ, תִּקְרֶאנָה.

צִוּוּי : קְרָא, קִרְאִי, קִרְאוּ, קְרֶאנָה.

יָרֵא — לִירֹא

הֹוֶה : יָרֵא, יְרֵאָה, יְרֵאִים, יְרֵאוֹת.

עָבָר : יָרֵאתִי, יָרֵאתָ, יָרֵאת, יָרֵא, יָרְאָה, יָרֵאנוּ, יְרֵאתֶם, יְרֵאתֶן, יָרְאוּ.

עָתִיד: אִירָא, תִּירָא, תִּירְאִי, יִירָא, תִּירָא, נִירָא, תִּירְאוּ, תִּירֶאנָה, יִירְאוּ, תִּירֶאנָה.

צִוּוּי : יְרָא, יִרְאִי, יִרְאוּ, יְרֶאנָה.

יָצָא — לָצֵאת

הֹוֶה : יוֹצֵא, יוֹצֵאת (יוֹצְאָה), יוֹצְאִים, יוֹצְאוֹת.

עָבָר : יָצָאתִי, יָצָאתָ, יָצָאת, יָצָא, יָצְאָה, יָצָאנוּ, יְצָאתֶם, יְצָאתֶן, יָצְאוּ.

עָתִיד: אֵצֵא, תֵּצֵא, תֵּצְאִי, יֵצֵא, תֵּצֵא, נֵצֵא, תֵּצְאוּ, תֵּצֶאנָה, וכו'.

צִוּוּי : צֵא, צְאִי, צְאוּ, צֶאנָה.

1. הִיא קוֹרֵאת בַּסֵּפֶר — She *reads* the book.

2. הִיא קָרְאָה בַּסֵּפֶר.

She *read* the book.

3. הִיא תִּקְרָא בַּסֵּפֶר.

She will read the book.

4. אֵין צַדִּיק בָּאָרֶץ...וְלֹא יֶחֱטָא (קהלת ז׳, כ׳).

There is not a righteous man upon earth that *sinneth* not.

5. אַרְיֵה שָׁאָג, מִי לֹא יִירָא? (עמוס ג׳, ח׳).

The lion hath roared, who *will not fear?*

6. אַשְׁרֵי אָדָם מָצָא חָכְמָה. (משלי ג׳, י״ג).

Happy is the man that *hath found* wisdom.

7. אֵשֶׁת חַיִל מִי יִמְצָא? (משלי ל״א, י׳).

A woman of valour who *can find?*

8. מָצָא אִשָּׁה מָצָא טוֹב (משלי י״ח, כ״ב).

Whoso findeth a wife *findeth* a great good.

9. מוֹצֵא אֲנִי מַר מִמָּוֶת אֶת הָאִשָּׁה (קהלת ז׳ כ״ו).

I find more bitter than death the woman.

10. חוֹשֵׂךְ שִׁבְטוֹ שׂוֹנֵא בְנוֹ (משלי י״ג, כ״ד).

He that spareth his rod *hateth* his son.

1. The most frequent of the ל״א verbs belong to the category illustrated by קרא.[1]
2. Some verbs follow the example of ירא. The most frequent of this group are ירא *to be afraid,* צמא *to be thirsty,* שנא *to hate,* מלא *to fill—to be filled.*
3, יצא presents a combination פ״י, ל״א and combines the peculiarities of both categories.

---

[1] The regular form should be קָרַאְתִּי (like שָׁמַרְתִּי). The vowelless א is however extremely weak and the syllable רַא becomes practically an open syllable, and as discussed above (Int. 4), the vowel is lengthened.

תַּרְגִּילִים

א. נַקֵּד וְתַרְגֵּם לְאַנְגְּלִית:

האב קורא בספר ישן, הנער בעתון חדש.

— מה מצאת שם בעתונך, בני? — שואל האב.

— אבא, אני ירא, לא טוב העולם. מדוע ברא אלהים עולם כזה?

האב שותק. גם הוא ירא. מה יאמר לבנו? והבן שואל עוד:

— ומה מצאת אתה, אבא, בספרך? הגם בימים שעברו מלא העולם רע? האם תמיד שנאו האנשים איש את רעהו וחטאו איש לרעהו?

האב קורא בספר ישן, הנער בעתון חדש.

ב. הַתְאֵם אֶת הַפְּעָלִים:

Match the verbs:

1. קָרָאתִי 2. אֶשָּׂא 3. אָבוֹא 4. יִמְצָא 5. שׂוֹנֵאת 6. יִירָא

7. יִקְרָא 8. תִּקְרְאִי 9. נֵצֵא 10. יָרֵאתִי.

I shall carry. We shall go out. I was afraid. He will find. He will be afraid. He will read. You (f. s.) will read. I shall come. She hates. We shall come.

ג. כְּתֹב אֶת הַצּוּרָה הַנְּכוֹנָה שֶׁל הַפֹּעַל:

1. אֶתְמוֹל אֲנִי וְאָחִי (היה) בַּבַּיִת. 2. בְּשָׁעָה שֵׁשׁ (יצא) מִן הַבַּיִת. 3. אַבָּא אָמַר לָנוּ שֶׁ(קרא) לָאֵם. 4. מָחָר (בוא) אֲלֵיכֶם. 5. יְלָדִים, בְּבַקָּשָׁה (רוץ) אֶל הַבַּיִת וְ(אמר) לַאֲבִיכֶם שֶׁ(בוא) אֵלַי מָחָר.

שִׁעוּר שְׁבִיעִי

Lesson Seven

פְּעָלֵי ל״ה

רָצָה — לִרְצוֹת

הֹוֶה : רוֹצֶה, רוֹצָה, רוֹצִים, רוֹצוֹת.

עָבָר : רָצִיתִי, רָצִיתָ, רָצִית, רָצָה, רָצְתָה, רָצִינוּ, רְצִיתֶם, רְצִיתֶן, רָצוּ.

עָתִיד: אֶרְצֶה, תִּרְצֶה, תִּרְצִי, יִרְצֶה, תִּרְצֶה, נִרְצֶה, תִּרְצוּ, תִּרְצֶינָה, יִרְצוּ, תִּרְצֶינָה.

צִוּוּי : רְצֵה, רְצִי, רְצוּ, רְצֶינָה.

בֵּינוֹנִי פָּעוּל : רָצוּי, רְצוּיָה, רְצוּיִים, רְצוּיוֹת.

עָשָׂה — לַעֲשׂוֹת

הֹוֶה : עוֹשֶׂה, עוֹשָׂה, עוֹשִׂים, עוֹשׂוֹת.

עָבָר : עָשִׂיתִי, עָשִׂיתָ, עָשִׂית, עָשָׂה, עָשְׂתָה, עָשִׂינוּ, עֲשִׂיתֶם, עֲשִׂיתֶן, עָשׂוּ.

עָתִיד: אֶעֱשֶׂה, תַּעֲשֶׂה, תַּעֲשִׂי, יַעֲשֶׂה, תַּעֲשֶׂה, נַעֲשֶׂה, תַּעֲשׂוּ, תַּעֲשֶׂינָה, יַעֲשׂוּ, תַּעֲשֶׂינָה.

צִוּוּי : עֲשֵׂה, עֲשִׂי, עֲשׂוּ, עֲשֶׂינָה.

בֵּינוֹנִי פָּעוּל: עָשׂוּי, עֲשׂוּיָה, עֲשׂוּיִים, עֲשׂוּיוֹת.

1. אֲנִי רוֹאֶה אֶת הָאִישׁ. — I *see* the man.
2. רָאִיתִי אֶת הָאִישׁ. — *I saw* the man.
3. אֶרְאֶה אוֹתוֹ. — *I shall see* him.

4. רְאֵה אותו.
See him.

5. בְּאֶפֶס עֵצִים תִּכְבֶּה אֵשׁ (משלי כ״ו, כ׳).
Where there is no wood the fire *goeth out.*

6. עַל אֵלֶּה אֲנִי בוֹכִיָּה (איכה א׳, ט״ז).
For these things I *weep.*

7. עֵת לִבְכּוֹת וְעֵת לִשְׂחוֹק (קהלת ג׳, ד׳).
There is a time *to weep* and a time to laugh.

8. אֱמֹר מְעַט וַעֲשֵׂה הַרְבֵּה (אבות א׳, ט״ו).
Say little and *do* much.

9. בּוֹר שֶׁשָּׁתִיתָ מִמֶּנּוּ אַל תִּזְרֹק בּוֹ אֶבֶן (במדבר רבה, כ״ב).
A well from which *you drank*—do not throw a stone into it.

10. עוֹלָם לְסֻלָּם הוּא דוֹמֶה: זֶה עוֹלֶה וְזֶה יוֹרֵד (מדרש).
The world *is likened* to a ladder, some *go up* and some go down.

11. לֹא יִשְׂמַח אָדָם בֵּין הַבּוֹכִים וְלֹא יִבְכֶּה בֵּין הַשְּׂמֵחִים (מדרש).
A man should not be joyous among people who *cry,* and *should not cry* among people who rejoice.

12. בִּזְמַן שֶׁהָרוֹעֶה תּוֹעֶה, הַצֹּאן תּוֹעִים אַחֲרָיו (מדרש).
When the shepherd *goes astray,* the sheep *wander* after him.

The verbs illustrated above are called by some grammarians ל״ו, for the third root letter was originally a ו or a י as some stray forms in the Bible indicate (See illustration 6: בּוֹכִיָּה instead of בּוֹכָה).

1. The י has survived in most forms of the past tense and in some forms of the future tense and imperative, as illustrated.

2. When there is need for the ה to be emphasized, it changes into a ת: רָצְתָה, לִרְצוֹת (as in the construct and feminine pronominal ending: תְּמוּנָה, תְּמוּנָתִי).

3. The verb עשה constitutes a combination of a guttural first root letter and a ל״ה.

4. Some of the ל״א verbs follow by analogy the בֵּינוֹנִי פָּעוּל of the ל״ה. Thus the verbs שנא, מצא, נשא may become in בֵּינוֹנִי פָּעוּל: שָׂנוּי, מָצוּי, נָשׂוּי קרא קָרוּי.

תַּרְגִּילִים

א. נַתֵּחַ לְפִי הַדֻּגְמָה:

	הַפֹּעַל	הַשֹּׁרֶשׁ	הַגִּזְרָה	שֵׁם הַפֹּעַל
.1	יָשַׁב	ישב	פ״י	שֶׁבֶת
.2	רָצָה	רצה	ל״ה	רְצוֹת
.3	עָבַר	עבר	גְּרוֹנִיִּים	עֲבֹר
.4	רָאָה	....	....	....
.5	שָׁאַל	....	....	....
.6	עָנָה	....	....	....
.7	אָבְדָה	....	....	....
.8	נָתַן	....	....	....
.9	לִמְצֹא	....	....	....
.10	חָבַל	....	....	....
.11	לִקְנוֹת	....	....	....
.12	פָּנָה	....	....	....

ב. הַשְׁלֵם לְפִי הַדֻּגְמָה:

	הֹוֶה	עָבָר	עָתִיד		הֹוֶה	עָבָר	עָתִיד
.1	אֲנִי בּוֹכָה	בָּכִיתִי	אֶבְכֶּה	.6	אֲנַחְנוּ יוֹצְאִים	....	....
.2	אַתָּה עוֹשֶׂה	....	....	.7	אַתֶּם קָמִים	....	....

הַפֹּעַל   הַשֹּׁרֶשׁ   הַגִּזְרָה   שֵׁם הַפֹּעַל

3. אַתְּ עוֹנָה .... 8. אַתֶּן יוֹשְׁבוֹת ....

4. הוּא עוֹלֶה .... 9. הֵם אוֹכְלִים ....

5. הִיא טוֹעָה .... 10. הֵן עוֹשׂוֹת ....

שִׁעוּר שְׁמִינִי

Lesson Eight

בּוֹא

בּוֹא – לָבוֹא

הֹוֶה : בָּא, בָּאָה, בָּאִים, בָּאוֹת.

עָבַר : בָּאתִי, בָּאתָ, בָּאת, בָּא, בָּאָה, בָּאנוּ, בָּאתֶם, בָּאתֶן, בָּאוּ.

עָתִיד : אָבוֹא, תָּבוֹא, תָּבוֹאִי, יָבוֹא, תָּבוֹא, נָבוֹא, תָּבוֹאוּ, תָּבֹאנָה, יָבוֹאוּ, תָּבֹאנָה.

צִוּוּי : בּוֹא, בּוֹאִי, בּוֹאוּ, בֹּאנָה.

I shall come tomorrow morning.	1. אָבוֹא מָחָר בַּבֹּקֶר.
She came yesterday.	2. הִיא בָּאָה אֶתְמוֹל.
I do not want *to come* to his house.	3. אֵינִי רוֹצֶה לָבוֹא אֶל בֵּיתוֹ.
Why didn't *you come* last week.	4. מַדּוּעַ לֹא בָּאתָ בַּשָּׁבוּעַ שֶׁעָבַר?
Come to us next year.	5. בּוֹא אֵלֵינוּ בַּשָּׁנָה הַבָּאָה.

The verb בּוֹא has defects in the second and third root-letters. The Hebrew grammarians call these doubly defective verbs by the name of מֻרְכָּבִים, *compound verbs*. In this text book we will, however, name them in accordance with their corresponding defects. The verb בּוֹא would therefore be named an ל"א, ע"ו verb.

תַּרְגִּילִים

א. כְּתֹב אֶת הַצּוּרָה הַנְּכוֹנָה שֶׁל הַפֹּעַל:

1. הַיַּלְדָּה אָמְרָה שֶׁ(בּוא) מִבֵּית הַסֵּפֶר בְּשָׁעָה שֵׁשׁ. 2. אֲנִי (ילך) מָחָר אֶל בֵּית חֲבֵרִי. 3. הָאֵם אָמְרָה לַיַּלְדָּה שֶׁ(ילך) אֶל בֵּית הַסֵּפֶר. 4. הָאִישׁ חָפֵץ (אכל) אֲרוּחַת הַצָּהֳרַיִם. 5. בְּכָל יום הִיא (יצא) מִן הָעִיר. 6. הַנְּעָרוֹת (בּוא) מָחָר אֶל בֵּית אִמָּן. 7. הַמּוֹרֶה חָפֵץ (אמר) לְתַלְמִידָיו שֶׁיִּלְמְדוּ אֶת הַשִּׁעוּר. 8. אָמַרְתִּי לַחֲבֵרִי שֶׁ(בּוא) אֶל בֵּיתִי. 9. אָמַרְתִּי לַיֶּלֶד שֶׁ(יצא) מִן הַחֶדֶר. 10. הָאֵם אָמְרָה לְבִתָּהּ שֶׁ(ישב) בַּבַּיִת וְלֹא תֵּלֵךְ אֶל בֵּית הַסֵּפֶר.

ב. תַּרְגֵּם לְעִבְרִית:

1. I ate; I am eating; I shall eat. 2. You (m. s.) said; you are saying; you will say. 3. You (f. s.) said; you are saying; you will say. 4. He knew; he knows; he will know. 5. She fell; she is falling; she will fall. 6. We took; we are taking; we will take. 7. You (m. p.) gave; you are giving; you will give. 8. You (f. p.) sang; you are singing; you will sing. 9. We (m. p.) came; we are coming; we shall come. 10. They (f. p.) came; they are coming; they will come.

שִׁעוּר תְּשִׁיעִי

Lesson Nine

הָיָה, חָיָה

הָיָה, לִהְיוֹת

הֹוֶה : הֹוֶה, הֹוָה, הוִֹים, הוֹוֹת.

עָבָר : הָיִיתִי, הָיִיתָ, הָיִית, הָיָה, הָיְתָה, הָיִינוּ, הֱיִיתֶם, הֱיִיתֶן, הָיוּ.

עָתִיד: אֶהְיֶה, תִּהְיֶה, תִּהְיִי, יִהְיֶה, תִּהְיֶה, נִהְיֶה תִּהְיוּ, תִּהְיֶינָה, יִהְיוּ, תִּהְיֶינָה.

צִוּוּי : הֱיֵה, הֲיִי, הֱיוּ, הֱיֶינָה.

חָיָה, לִחְיוֹת

הֹוֶה : חַי, חַיָּה, חַיִּים, חַיּוֹת.

עָבָר : חָיִיתִי, חָיִיתָ, חָיִית, חַי (חָיָה), חָיְתָה, חָיִינוּ, חֲיִיתֶם חֲיִיתֶן, חָיוּ.

עָתִיד: אֶחְיֶה, תִּחְיֶה, תִּחְיִי, יִחְיֶה, תִּחְיֶה, נִחְיֶה, תִּחְיוּ, תִּחְיֶינָה, יִחְיוּ, תִּחְיֶינָה.

צִוּוּי : חֲיֵה, חֲיִי, חֲיוּ, חֲיֶינָה.

I had a book.	1. הָיָה לִי סֵפֶר.
He had a picture.	2. הָיְתָה לוֹ תְּמוּנָה.
He had books.	3. הָיוּ לוֹ סְפָרִים.
He had pictures.	4. הָיוּ לוֹ תְּמוּנוֹת.
I shall have a book.	5. יִהְיֶה לִי סֵפֶר.
He will have a picture.	6. תִּהְיֶה לוֹ תְּמוּנָה.
He will have books.	7. יִהְיוּ לוֹ סְפָרִים.

He will have pictures.	8. תִּהְיֶינָה לוֹ תְּמוּנוֹת.
The girls *will be* here tomorrow.	9. הַנְּעָרוֹת תִּהְיֶינָה פֹּה מָחָר.
The girl *was* here yesterday.	10. הַנַּעֲרָה הָיְתָה פֹּה אֶתְמוֹל.

1. The verbs היה and חיה follow only partly the ל"ה verbs. The student should note the ו in the present tense of הוה, the retained שְׁוָא in the future tense : אֶחְיֶה, אֶהְיֶה and the special form of the imperative.
2. The present tense of היה is hardly used in Hebrew.
3. There is no verb *to have* in Hebrew.

   a. In the present tense it may be expressed as illustrated in lesson 9, Vol. I.

   b. The past and future tenses are given in illustration 1-8 above.
4. As illustrated, the verb היה agrees with the subject when its English equivalent is the verb *to be;* it agrees with the object when it is a form of the verb *to have:* לָהֶם הָיָה סֵפֶר; הֵם הָיוּ בַּחֶדֶר.

תַּרְגִּילִים

א. הַשְׁלֵם לְפִי הַדֻּגְמָה:

	עָתִיד	עָבָר	הוֶֹה
1.	יִהְיֶה לִי סֵפֶר	הָיָה לִי סֵפֶר	יֵשׁ לִי סֵפֶר
2.	....	....	יֵשׁ לִי מַחְבֶּרֶת
3.	....	....	יֵשׁ לִי סְפָרִים

4. יֵשׁ לִי מַחְבָּרוֹת ....

5. יֵשׁ לְיוֹסֵף עֵט ....

6. יֵשׁ לְיוֹסֵף מַחְבֶּרֶת ....

7. יֵשׁ לְיוֹסֵף עֵטִים ....

8. יֵשׁ לְשָׂרָה מַחְבָּרוֹת ....

ב. תַּרְגֵּם לְעִבְרִית.

1. Will you be at your uncle's tomorrow ?   2. No, I was there yesterday, and I go there only once a week. 3. Is his father still alive ?   4. Yes, He was sick, but the doctor says he will live many years.   5. It is hard to live these days.   6. Does she have many books ?   7. Even the sick and the old do not want to die; they want to live. 8. Let us live today; we may die tomorrow.   9. They live in peace.

שִׁעוּר עֲשִׂירִי

Lesson Ten

הֲוָיָה וּתְנַאי

THE IMPERFECT AND THE CONDITIONAL

1. הוּא הָיָה אוֹמֵר: מַרְבֶּה בָשָׂר, מַרְבֶּה רִמָּה (אבות ב׳).

He *used to say:* the more flesh the more worms.

2. כְּשֶׁהָיִינוּ נְעָרִים, הָיִינוּ הוֹלְכִים יוֹם יוֹם אֶל בֵּית הַסֵּפֶר.

When we were boys, *we used to go* every day to school.

3. הָיִיתִי קוֹנֶה אֶת הַסֵּפֶר, אֲבָל אֵין לִי כֶּסֶף.

I would have bought the book, but I have no money.

4. לוּ הָיָה לִי כֶּסֶף הָיִיתִי קוֹנֶה אֶת הַסֵּפֶר.
אִלּוּ הָיָה לִי כֶּסֶף הָיִיתִי קוֹנֶה אֶת הַסֵּפֶר.

If I had money, *I would have bought* the book.

5. לוּלֵא חֲרַשְׁתֶּם בְּעֶגְלָתִי לֹא מְצָאתֶם אֶת חִידָתִי (שופטים י״ד, י״ח).

If you had not ploughed with my heifer, *you had not found* out my riddle.

6. לוּ יָדַעְתִּי לִקְרֹא, כִּי עַתָּה מִשְׁקָפַיִם לָמָּה לִי.

If I knew how to read, I would not need glasses.

7. אִם אֶשְׁכָּחֵךְ יְרוּשָׁלָיִם תִּשְׁכַּח יְמִינִי (תהלים קל״ז, ה׳).

If I forget thee, O Jerusalem, may my right hand forget her cunning.

8. אִם רָעֵב שׂוֹנַאֲךָ, הַאֲכִלֵהוּ לָחֶם (משלי כ״ה, כ״א).

If thy enemy be hungry, give him bread to eat.

1. The verb היה serves also to express action continued in the past which is equivalent to the English *used to, was wont to, would.* It is expressed by the past tense of היה plus the present tense of the verb which denotes

the continuous action (Ill. 1-2).

2. The use of the verb הָיָה as a conditional is similar to the imperfect (Ill. 3).

3. The English conditional is translated either by the Biblical לוּ or by the Mishnaic אִלּוּ (Ill. 4).

4. The negative conditional *if not* is expressed by לוּלֵא (Ill. 5).

5. Example 6 illustrates the form of the conditional without the use of הָיָה. In modern Hebrew the addition of the imperfect is preferred in at least one part of the sentence.

6. If the condition is introduced in the present or in the future tenses, tne conjunction אִם is generally used, as Illustrated in 7, 8.

תַּרְגִּילִים

א. נַקֵּד וְתַרְגֵּם לְאַנְגְּלִית:

1. כשהייתי בכפר, הייתי הולך יום יום אל השדה. 2. הגשם היה יורד יום יום. 3. אם אין תורה אין קמח, אם אין קמח אין תורה. 4. אלו ידעתי את הדבר, לא הייתי עושה זאת. 5. לולא חליתי, הייתי הולך אתכם. 6. אלו בא אלי האיש, הייתי אומר לו שיתן לי את ספרו 7. לולא חטא משה, היה בא אל ארץ ישראל. 8. אלהים נתן את התורה לאנשים ולא למלאכים. 9. חיי האיש עוברים כצל. 10. לו היה לו כסף, היה נותן אותו לעניים.

ב. תַּרְגֵּם לְעִבְרִית :

1. If you give me money, I shall travel and see the United States. 2. If I had money, I would have travelled all over America. 3. If you had no money, you would not have bought all the books. 4. He would have travelled all over America, but he had no money. 5. If he were an angel, he would not have sinned. 6. When I went to school I used to study every day. 7. I would have studied, if I had had books. 8. If I find books, I shall study. 9. If I did not have any books, I would not have studied.

שִׁעוּר אַחַד עָשָׂר

Lesson Eleven

פְּעָלֵי ע״ע (כְּפוּלִים)

סָבֹב, לָסֹב — לִסְבֹּב

הֹוֶה : סַב (סוֹבֵב), סַבָּה (סוֹבֶבֶת), סַבִּים (סוֹבְבִים), סַבּוֹת (סוֹבְבוֹת).

עָבָר : סַבּוֹתִי, סַבּוֹתָ, סַבּוֹת, סַב (סָבַב), סַבָּה, סַבּוֹנוּ, סַבּוֹתֶם, סַבּוֹתֶן,
סַבּוּ (סָבְבוּ).

עָתִיד : אָסֹב, תָּסֹב, תָּסֹבִּי, יָסֹב, תָּסֹב, נָסֹב, תָּסֹבּוּ, תְּסֻבֶּינָה, יָסֹבּוּ,
תְּסֻבֶּינָה.

צִוּוּי : סֹב, סֹבִּי, סֹבּוּ, סֻבֶּינָה.

מָדֹד, לָמֹד

הֹוֶה : מוֹדֵד, מוֹדֶדֶת, מוֹדְדִים, מוֹדְדוֹת.

עָבָר : מָדַדְתִּי, מָדַדְתָּ, מָדַדְתְּ, מָדַד, מָדְדָה, מָדַדְנוּ, מְדַדְתֶּם, מְדַדְתֶּן
מָדְדוּ.

עָתִיד : אֶמְדֹּד, תִּמְדֹּד, תִּמְדְּדִי, יִמְדֹּד, תִּמְדֹּד, נִמְדֹּד, תִּמְדְּדוּ, תִּמְדֹּדְנָה,
יִמְדְּדוּ, תִּמְדֹּדְנָה.

צִוּוּי : מְדֹד, מִדְדִי מִדְדוּ, מְדֹדְנָה.

שָׂחֹחַ, לָשׂחַ

עָתִיד : אֶשַּׂח (אָשֹׂחַ), תִּשַּׂח, תִּשְּׂחִי, יִשַּׂח, תִּשַּׂח, נִשַּׂח, תִּשְּׂחוּ,
תִּשַּׂחְנָה, יִשְּׂחוּ, תִּשַּׂחְנָה.

צִוּוּי : שַׂח, שְׂחִי, שְׂחוּ, שַׂחְנָה.

.1 סוֹבֵב סוֹבֵב הוֹלֵךְ הָרוּחַ (קהלת א׳, ו׳).

The wind *turneth about* continually.

.2 סֹב דְּמֵה לְךָ דוֹדִי לִצְבִי (שיר השירים ב׳, י״ז).

Turn, my beloved, and be thou like a gazelle.

.3 שָׁלֹשׁ רְגָלִים תָּחֹג לִי בַּשָּׁנָה (שמות כ״ג, י״ד).

Three times *thou shalt keep a feast* unto me in the year.

.4 שַׁלַּח אֶת עַמִּי וְיָחֹגּוּ לִי בַּמִּדְבָּר (שמות ה׳ א׳).

Let my people go, that *they may hold a feast* unto me in the wilderness.

.5 גֹּלּוּ אֲבָנִים גְּדוֹלוֹת אֶל פִּי הַמְּעָרָה (יהושע י׳, י״ח).

Roll great stones unto the mouth of the cave.

.6 וְשַׁח גַּבְהוּת אָדָם (ישעיה ב׳, י״ז).

And the loftiness of man *shall be bowed* down.

.7 וְיִשַּׁחוּ כָּל בְּנוֹת הַשִּׁיר (קהלת י״ב, ד׳).

And all the daughters of song *shall be brought low.*

.8 מֵעָפָר תִּשַּׁח אִמְרָתֵךְ (ישעיה כ״ט, ד׳).

Thy speech shall be low out of the dust.

1. The second root letter is repeated in this class of verbs. These verbs are therefore called כְּפוּלִים, *double,* or ע״ע (ע׳ הַפֹּעַל repeated).

2. The ע״ע verb undergoes both the process of the חֲסֵרִים and נָחִים. The Hebrew language, averse to the repetition of letters, omits one of them and compensates for it either by a daghesh or by a preceding long vowel. Most of the verbs of this kind take the אָסֹב form, and the verbs tending towards the מִשְׁקַל אֶפְעַל take the form of אֶשַּׁח.

3. Modern Hebrew tends, however, towards the regular pattern and is therefore doing away with the irregularity of the ע״ע.

a. As illustrated by מדד some verbs have taken an altogether regular form (The Bible has also an irregular form of this verb).

b. Side by side with the irregular form of סבב in the present and past tenses and in the infinitive construct there exists also a regular form which gets preference in modern usage (See parentheses in paradigm of סבב).

תַּרְגִּילִים

א. תַּרְגֵּם לְאַנְגְּלִית:

1. הָעִבְרִים סָבְבוּ אֶת הָעִיר יְרִיחוֹ שֶׁבַע פְּעָמִים. 2. מְצָאוּנִי (מָצְאוּ אוֹתִי) הַשּׁוֹמְרִים הַסּוֹבְבִים בָּעִיר: „אֵת שֶׁאָהֲבָה נַפְשִׁי רְאִיתֶם?” 3. הָאֲנָשִׁים אוֹכְלִים, שׁוֹתִים וְחוֹגְגִים. 4. נָחֹג אֶת חַג הַחֲנֻכָּה בְּשִׂמְחָה. 5. הַחֲלוּצִים יָסֹלּוּ אֶת הַכְּבִישִׁים. 6. בְּאַרְצוֹת הַבְּרִית כָּל הַדְּרָכִים סְלוּלוֹת.

ב. נַתֵּחַ לְפִי הַדֻּגְמָה:

פֹּעַל	שֹׁרֶשׁ	גִּזְרָה	זְמַן	גּוּף
תִּשְׁמֹרְנָה	שמר	שְׁלֵמִים	עָתִיד	שֵׁנִי או שְׁלִישִׁי

1. אֶמְצָא 2. יָסֹב 3. נִקְנֶה 4. שָׁמַר 5. תֵּלְכִי 6. אֶעֱבֹד 7. יִשְׁמְעוּ 8. יֹאכַל 9. תִּפְּלִי 10. תָּשִׁירוּ 11. חַי 12. הָיִיתִי 13. יָגֹלּוּ 14. אֶמְדֹּד 15. אֵדַע 16. אָבוֹא 17. תָּנוּחַ.

שִׁעוּר שְׁנֵים עָשָׂר

Lesson Twelve

THE COMPARATIVES — עֶרְכֵי הַדִּמּוּי

כְּמוֹ : כָּמוֹנִי, כָּמוֹךָ, כָּמוֹךְ, כָּמוֹהוּ, כָּמוֹהָ, כָּמוֹנוּ, כְּמוֹכֶם (כָּכֶם),
כְּמוֹכֶן (כָּכֶן), כְּמוֹהֶם (כָּהֵם), כְּמוֹהֶן (כָּהֵן).

כְּמוֹתִי, כְּמוֹתְךָ, כְּמוֹתֵךְ, כְּמוֹתוֹ, כְּמוֹתָהּ, כְּמוֹתֵנוּ, כְּמוֹתְכֶם,
כְּמוֹתְכֶן, כְּמוֹתָם, כְּמוֹתָן.

מִן : מִמֶּנִּי, מִמְּךָ, מִמֵּךְ, מִמֶּנּוּ, מִמֶּנָּה, מִמֶּנּוּ, מִכֶּם, מִכֶּן, מֵהֶם, מֵהֶן.

1. יֵשׁ לִי תַּלְמִיד טוֹב.	I have a good student.
2. הוּא טוֹב כָּמוֹנִי.	He is as good *as I am*.
הוּא טוֹב כְּמוֹתִי.	
3. רְאוּבֵן טוֹב כְּשִׁמְעוֹן.	Reuben is as good *as* Simon.
4. אַתֶּם טוֹבִים מֵהֶם.	You are better *than they are.*
5. תַּלְמִידִי טוֹב יוֹתֵר מִתַּלְמִידְךָ.	My student is *better than* yours.
6. מִי טוֹב יוֹתֵר, אַתָּה אוֹ הוּא?	Who is *better,* you or he?
7. מִי יוֹתֵר טוֹב, אַתָּה אוֹ הוּא?	
8. הוּא יוֹתֵר טוֹב מִמֶּנִּי.	He is *better* than I am.
9. תַּלְמִידִי הוּא הַטּוֹב בַּמַּחְלָקָה.	My student is *the best* in class.
10. תַּלְמִידִי הוּא הַיּוֹתֵר טוֹב בַּמַּחְלָקָה.	
11. תַּלְמִידִי הוּא הַטּוֹב בְּיוֹתֵר בַּמַּחְלָקָה	
12. תַּלְמִידִי הוּא הֲכִי טוֹב בַּמַּחְלָקָה	

13. עַזָּה כַמָּוֶת אַהֲבָה, קָשָׁה כִשְׁאוֹל קִנְאָה (שיר השירים ח׳, ו׳)

Love is strong *as* death, jealousy is cruel *as* the grave.

14. אִם יִהְיוּ חֲטָאֵיכֶם כַּשָּׁנִים, כַּשֶּׁלֶג יַלְבִּינוּ (ישעיה א׳, י״ח).

Though your sins be *as* scarlet, they shall be *as* white as snow.

15. יָרְדוּ בִמְצוֹלֹת כְּמוֹ אָבֶן (שמות ט״ו, ה׳).

They went down into the depths *like* a stone.

16. טוֹבָה חָכְמָה מִגְּבוּרָה (קהלת ט׳, ט״ז).

Wisdom is better *than* strength.

17. אָנָה הָלַךְ דּוֹדֵךְ, הַיָּפָה בַּנָּשִׁים ? (שיר השירים ו׳, א׳)

Whither is thy beloved gone, thou *fairest* of women.

18. אַלְפִּי הַדַּל בִּמְנַשֶּׁה וְאָנֹכִי הַצָּעִיר בְּבֵית אָבִי (שופטים ו׳, ט״ו).

My family is *the poorest* in Manasseh and I am *the youngest* in my father's house.

19. הַרְבֵּה לָמַדְתִּי מֵרַבּוֹתַי, מֵחֲבֵרַי יוֹתֵר מֵרַבּוֹתַי, וּמִתַּלְמִידַי יוֹתֵר מִכֻּלָּם (תענית ז׳).

I have learned a great deal from my teachers, more than that have I learned from my friends, and from my pupils *most of all.*

1. The comparatives *as, like*, are formed in Hebrew by כְּמוֹ or by the prefix כְּ (ill. 2, 3, 13-15). (Some grammarians oppose the use of כְּמוֹ after an adjective, but current usage accepts it).

2. The comparative *than* is formed in Hebrew by the prefix מִ, מֵ (Ill. 4, 5, 8, 16).

3. In accordance with Hebrew syntax the adverb should follow the adjective as illustrated in 5, 6, 11. Under the influence of the European languages, however, modern usage prefers the form given in ill. 7, 10.

4. The superlative may be expressed in the following ways:

a. The adjective with a definite article is placed before the noun that is to be surpassed הַטּוֹב בַּמַּחְלָקָה (Ill. 9, 18).

b. The adjective is either followed by בְּיוֹתֵר or preceded by הַיּוֹתֵר (Ill. 10, 11).

c. The colloquial form in which the adjective is preceded by הֲכִי (Ill. 12).

d. Forms which are used less frequently: שִׁיר הַשִּׁירִים *—the Song of Songs;* עֶבֶד עֲבָדִים*—a servant of servants;* עֲשִׁירֵי עָם *— the richest of the people;* קְטַן בָּנָיו *— the youngest of his sons;* הֲבֵל הֲבָלִים *— vanity of vanities.*

תַּרְגִּילִים

א. תַּרְגֵּם אֶת הַמִּלִּים הָאַנְגְּלִיּוֹת:

1. יֵשׁ לִי בַּיִת large. 2. בֵּיתִי is larger מִבֵּיתְךָ. 3. בֵּיתִי is the largest 4. לֵאָה is pretty כְּרָחֵל. 5. לֵאָה is prettier מִשָּׂרָה. 6. רָחֵל הַיָּפָה of all the girls. 7. הוּא טוֹב as I am. 8. הוּא טוֹב than I am. 9. הוּא is the best. 10. יְלָדָיו are prettier מִיְּלָדֶיךָ. 11. טוֹב לָמוּת בְּעַד הָעָם, אֲבָל it is better לִחְיוֹת בַּעֲדוֹ.

ב. תַּרְגֵּם לְעִבְרִית:

1. He is as good as I am. 2. He is as good as your brother. 3. He is better than your brother. 4. He is better than you. 5. This boy is the best in class. 6. He is wiser than all of us. 7. Joseph was the best son. 8. The sun gives more light than the moon and the stars.

שִׁעוּר שְׁלֹשָׁה עָשָׂר

Lesson Thirteen

THE VERBAL NOUN — שֵׁם הַפֹּעַל

.1	שָׁמֹר	שְׁמֹר	לִשְׁמֹר	בִּשְׁמֹר	כִּשְׁמֹר	מִשְּׁמֹר
.2	כָּתֹב	כְּתֹב	לִכְתֹּב	בִּכְתֹב	כִּכְתֹב	מִכְּתֹב
.3	עָבֹד	עֲבֹד	לַעֲבֹד	בַּעֲבֹד	כַּעֲבֹד	מֵעֲבֹד
.4	שָׁאֹל	שְׁאֹל	לִשְׁאֹל	בִּשְׁאֹל	כִּשְׁאֹל	מִשְּׁאֹל
.5	שָׁמֹעַ	שְׁמֹעַ	לִשְׁמֹעַ	בִּשְׁמֹעַ	כִּשְׁמֹעַ	מִשְּׁמֹעַ
.6	שָׁכֹב	שְׁכַב	לִשְׁכַּב	בִּשְׁכַב	כִּשְׁכַב	מִשְּׁכַב
.7	אָכֹל	אֱכֹל (אֲכֹל)	לֶאֱכֹל	בֶּאֱכֹל	כֶּאֱכֹל	מֵאֲכֹל
.8	יָשֹׁב	שֶׁבֶת	לָשֶׁבֶת	בְּשֶׁבֶת	כְּשֶׁבֶת	מִשֶּׁבֶת
.9	יָדֹעַ	דַּעַת	לָדַעַת	בְּדַעַת	כְּדַעַה	מִדַּעַת
.10	יָשֹׁן	יְשֹׁן	לִישֹׁן	בִּישֹׁן	כִּישֹׁן	מִישֹׁן
.11	נָפֹל	נְפֹל	לִנְפֹּל	בִּנְפֹל	כִּנְפֹל	מִנְּפֹל
.12	נָגֹשׁ	גֶּשֶׁת	לָגֶשֶׁת	בְּגֶשֶׁת	כְּגֶשֶׁת	מִגֶּשֶׁת
.13	שׁוּב	שׁוּב	לָשׁוּב	בְּשׁוּב	כְּשׁוּב	מִשּׁוּב
.14	שִׁיר	שִׁיר	לָשִׁיר	בְּשִׁיר	כְּשִׁיר	מִשִּׁיר
.15	קָרֹא	קְרֹא	לִקְרֹא	בִּקְרֹא	כִּקְרֹא	מִקְּרֹא
.16	קָנֹה	קְנוֹת	לִקְנוֹת	בִּקְנוֹת	כִּקְנוֹת	מִקְּנוֹת
.17	סָבֹב	סֹב (סְבֹב)	לָסֹב	בְּסֹב	כְּסֹב	מִסֹּב

1. בִּקְצֹר הָאִישׁ אֶת קְצִירוֹ הוּא שָׁר שִׁירִים.

When the man reaps his harvest, he sings songs.

2. בְּלֶכֶת הָאִישׁ לִזְרֹעַ אֶת הַשָּׂדֶה בָּכָה.

When the man was going to sow his field, he was crying.

3. בְּבוֹא הָאִישׁ עִם אֲלֻמֹּתָיו שָׂמַח.

When the man came with his sheaves, he was happy.

4. בְּבוֹא הַגֶּשֶׁם בָּאָה בִּרְכַּת הַשָּׁמַיִם.

When rain comes, the benediction of heaven is coming.

5. בִּפְרֹחַ הַגֶּפֶן שָׂמֵחַ הַכּוֹרֵם.

When the vine blossoms, the wine-grower is happy.

6. עָיַפְתִּי מִכְּתֹב.

I am tired *of writing.*

7. בַּאֲבֹד רְשָׁעִים רִנָּה (משלי י״א, י׳).

When the wicked perish, there is joy.

8. בְּשׁוּב ה׳ אֶת שִׁיבַת צִיּוֹן הָיִינוּ כְּחוֹלְמִים (תהלים קכ״ו, א׳).

When the Lord brought back those that returned to Zion, we were like unto them that dream.

9. בִּנְפֹל אוֹיִבְךָ אַל תִּשְׂמַח (משלי כ״ד, י״ז).

When thy enemy falleth, do not rejoice.

10. כִּשְׁמֹעַ עֵשָׂו אֶת דִּבְרֵי אָבִיו צָעַק צְעָקָה גְּדֹלָה וּמָרָה (בראשית כ״ז, ל״ד).

W*hen Esau heard* the words of his father, he cried with a great and bitter cry.

1. The infinitive construct is used both as infinitive and gerund, and is therefore also called *verbal noun.*

a. When it is prefixed by the preposition לְ, it becomes the equivalent of the English infinitive: לִכְתֹּב, *to write.*
b. When it is prefixed by בּ, it becomes an adverbial phrase. (Ill. 1—5, 7—9).

c. The less frequent case of the verbal noun with the prefixed כ shows instantaneous action in both parts of the sentence (Ill. 10).

d. The preposition מ expresses the negation of the following action (Ill. 6).

e. The verbal noun may be inflected like a noun, and its various pronominal suffixes give it great elasticity and conciseness (בְּשָׁמְרִי, *while I was* (*am, will be*) *watching;* בְּשָׁמְרְךָ, *while you were* (*are, will be*) *watching, etc.*). Because of its difficulty in vocalization, current usage avoids the pronominal endings and uses the more simple form of כַּאֲשֶׁר (See page 172).

2. The vowels of the prefixes בכל are determined in the manner discussed in lessons 5, 8, 15, Part I.

a. The ṣhewa of בּ in בְּכְתֹב is changed into a חִירִיק because of the difficulty of pronunciation : בְּכְתֹב—בִּכְתֹב.

b. Before a חֲטָף the בכל take the vowel of the חֲטָף: בֶּאֱסֹף, לַעֲבֹד.

c. Before a י it takes a חִירִיק and the shewa is omitted: לִישֹׁן.

d. Before an accented syllable the ל takes a קָמַץ: לָשֶׁבֶת.

3. The first and second root letters do not take any daghesh after בכל except in the infinitive, as explained further in this lesson, section 4.

a. The חִירִיק of בִּ in בִּכְתֹב is only a substitute for a בְּ e. g., a שְׁוָא נָע It therefore retains the characteristic of the שְׁוָא נָע, and the letter following it takes no daghesh.

b. The shewa under the כ of בִּכְתֹב has not lost its original characteristics of the shewa in the כּ of כְּתֹב and the letter following it does not take any daghesh.

c. There is, however, still a difference of opinion as to actual reading of this shewa and the syllabication: בִּ—כְתֹב, בִּכְ—תֹב. Some grammarians call it a *medium* shewa and syllabicate it בִּ—כְ—תֹב.

4. In the infinitive with the prefix of ל the syllabication has been accepted by all as לִכְ—תֹּב and the shewa as a definite שְׁוָא נָח (Before a noun, however, the ל follows the same rules as the ב,כ: לִכְתִיבָה and not לִכְתִּיבָה).

5. The consonant following the מ is always strengthened by a daghesh: מִכְתֹּב. If, however, the first root letter is guttural, the prefix takes a צֵירֶה: מֵעֲבֹד.

תַּרְגִּילִים

א. תַּרְגֵּם לְעִבְרִית:

1. אֲנִי חָפֵץ to write מִכְתָּב. 2. הִיא רוֹצָה to eat אֲרוּחַת הַבֹּקֶר. 3. הִיא צְרִיכָה to sit וְלָנוּחַ. 4. אַתְּ בָּאת to buy סֵפֶר. 5. When the boy fell צָעַק וּבָכָה. 6. When she approached אֶל הַבַּיִת, רָאֲתָה אֶת אִמָּהּ. 7. When the man is eating הוּא יוֹשֵׁב אֶל הַשֻּׁלְחָן. 8. When the girl returns home תִּשְׂמַח מְאֹד. 9. When the child cried נָתְנָה לוֹ אִמּוֹ אֹכֶל. 10. When the girl sat in her chair עָמְדָה אֲחוֹתָהּ אֵצֶל הַשֻּׁלְחָן.

ב. שַׁנֵּה אֶת צוּרַת הַפֹּעַל לְפִי הַדֻּגְמָה:

כַּאֲשֶׁר שָׁמַע הָאִישׁ — בְּשָׁמְעַ הָאִישׁ.

1. כַּאֲשֶׁר שָׁמַר הָאִישׁ אֶת הַשָּׂדֶה, בָּא אֵלָיו חֲבֵרוֹ. 2. כַּאֲשֶׁר כָּתַב הָאִישׁ אֶת הַמִּכְתָּב, נָפַל הָעֵט מִיָּדוֹ. 3. כַּאֲשֶׁר עָבַד הָאִכָּר בַּשָּׂדֶה, שָׁר שִׁירִים. 4. כַּאֲשֶׁר שָׁמַע עֵשָׂו אֶת דִּבְרֵי יַעֲקֹב, צָעַק. 5. כַּאֲשֶׁר אָכַל הָאִישׁ אֶת אֲרוּחָתוֹ, הָלַךְ לַעֲבֹד. 6. כַּאֲשֶׁר יוֹשֵׁב הָאִישׁ בְּבֵיתוֹ, בָּאִים אֵלָיו חֲבֵרִים רַבִּים. 7. כַּאֲשֶׁר יָקוּם הַיֶּלֶד מִשְּׁנָתוֹ, תִּתֵּן לוֹ אִמּוֹ אֹכֶל. 8. כַּאֲשֶׁר יִקְרָא הַנַּעַר בַּסֵּפֶר, יֵדַע אֶת הַסִּפּוּר.

שִׁעוּר אַרְבָּעָה עָשָׂר

Lesson Fourteen

הַבִּנְיָנִים

Stretched oneself, stripped הִתְפַּשֵּׁט — הִתְפַּעֵל Reflexive	
הָפְעַל—הָפְשַׁט Causative Passive (*Was caused to stretch, strip*)	הִפְעִיל—הִפְשִׁיט Causative Active (*Caused to stretch, to strip*)
פֻּעַל—פֻּשַּׁט Intensive Passive (*Was stretched forcibly*)	פִּעֵל—פִּשֵּׁט Intensive Active (*Stretched forcibly*)
נִפְעַל—נִפְשַׁט Simple Passive (*Was stretched, stripped*)	פָּעַל—פָּשַׁט or קַל Simple Active (*Stretched, stripped*)
פשט	

In the Hebrew language related ideas are usually expressed by variations of vowels and prefixes. These variations are called בִּנְיָנִים, e. g., *structures* or *formations*. There is no analogy to the בִּנְיָנִים in the English language, and they are commonly included in the term *conjugations*.

The above diagram presents the seven prevalent בִּנְיָנִים of the root פשט, *to stretch.*

Until now we have been discussing the simple active בִּנְיָן called פָּעַל (קַל) according to its ground form in the past tense (Part I, lesson 30). This form is the nearest to the pure root of the verb. All the other variations are formed by internal strengthening of a letter: פִּשֵּׁט—פִּשְׁשֵׁט, פִּשֵּׁט—פִּשְׁשַׁט, by the addition of a letter : נִפְשַׁט—פָּשַׁט, or by combination of both as in הִתְפַּשֵּׁט—הִתְפַּשְׁשֵׁט.

Very few verb-roots are expressed in all the seven בִּנְיָנִים, nor do all of them follow strictly the above diagram. In the following chapters we shall discuss in detail the functions and structures of the various בִּנְיָנִים. The קַל (פָּעַל) has been discussed at length in its variations, and we shall continue now with the נִפְעַל.

נִפְעַל

הִשָּׁמֵר (נִשְׁמֹר)—לְהִשָּׁמֵר

הֹוֶה : נִשְׁמָר, נִשְׁמֶרֶת, נִשְׁמָרִים, נִשְׁמָרוֹת.

עָבָר : נִשְׁמַרְתִּי, נִשְׁמַרְתָּ, נִשְׁמַרְתְּ, נִשְׁמַר, נִשְׁמְרָה, נִשְׁמַרְנוּ, נִשְׁמַרְתֶּם, נִשְׁמַרְתֶּן, נִשְׁמְרוּ.

עָתִיד: אֶשָּׁמֵר, תִּשָּׁמֵר, תִּשָּׁמְרִי, יִשָּׁמֵר, תִּשָּׁמֵר, נִשָּׁמֵר, תִּשָּׁמְרוּ, תִּשָּׁמַרְנָה, יִשָּׁמְרוּ, תִּשָּׁמַרְנָה.

צִוּוּי : הִשָּׁמֵר, הִשָּׁמְרִי, הִשָּׁמְרוּ, הִשָּׁמַרְנָה.

1. הַדֶּלֶת נִפְתְּחָה וְהָאִישׁ נִכְנַס.

The door *was opened* and the man entered.

2. הַחַלּוֹן נִסְגַּר

The window *was closed.*

3. הַדֶּלֶת תִּסָּגֵר.

The door *will be closed.*

4. הַפַּח נִשְׁבָּר וַאֲנַחְנוּ נִמְלָטְנוּ (תהלים קכ״ד, ז׳).

The snare *is broken* and *we have escaped.*

5. בֵּין הָרוֹעֶה וְהַזְּאֵב נִבְקַע הַשֶּׂה.

Between the shepherd and the wolf the lamb *is torn.*

6. נִכְנַס יַיִן, יָצָא סוֹד.

When wine *came in,* the secret went out.

7. הִזָּהֲרוּ מִבְּנֵי הָעֲנִיִּים שֶׁמֵּהֶם תֵּצֵא תוֹרָה.

Be careful of the sons of the poor, for it is of them that learning shall come forth.

A. Functions of the נִפְעַל:

1. הָאִישׁ שָׁבַר אֶת הַחַלּוֹן—the man *broke* the window.

הַחַלּוֹן נִשְׁבַּר—The window *was broken.*

The foregoing example illustrates the main function of the נִפְעַל in modern Hebrew. It is the simple passive corresponding to the simple active שָׁבַר. In some cases, however, it does not adhere strictly to this pattern.

2. The נפעל originally served as a reflexive verb and has been retained as such in many verbs: נִשְׁמַר — *was watched;* נִשְׁמַר—*watched himself.*

3. Some verbs in נִפְעַל have the simple active meanings of קַל when translated into English: נִשְׁאַר *remained;* נִכְנַס *entered.*

B. Structure of the נִפְעַל:

1. In its structure the main feature is the added נִ.

Whenever the נ is vowelless, it is assimilated in the following letter and is compensated by a daghesh as explained previously (See part I, lesson 28): אֶנְשָׁמֵר—אֶשָּׁמֵר.

2. There are two forms of the infinitive construct in the נִפְעַל: נִשְׁמֹר and הִשָּׁמֵר.

a. נִשְׁמֹר is used in introducing the past tense for purpose of emphasis נִשְׁמֹר נִשְׁמַרְתִּי. *I watched myself indeed.*

b. הִשָּׁמֵר is used in introducing the future for the same purpose: הִשָּׁמֵר תִּשָּׁמֵר. *Thou shalt guard thyself* (*beware*). It is, however, used mostly as an infinitive and a gerund.

3. The Mishnaic construct infinitive often omits the ה: לִיכָּנֵס instead of לְהִכָּנֵס.

תַּרְגִּילִים

א. הַשְׁלֵם לְפִי הַדֻּגְמָה:

הֹוֶה	עָבָר	עָתִיד
אֲנִי נִשְׁמָר	נִשְׁמַרְתִּי	אֶשָּׁמֵר
1. אֲנִי נִסְגָּר	....	....
2. אַתָּה נִשְׁבָּר	....	....
3. אַתְּ נִשְׁמֶרֶת	....	....
4. הוּא נִפְטָר	....	....
5. הִיא נִשְׁמֶרֶת	....	....

הֹוֶה	עָבָר	עָתִיד
6. אֲנַחְנוּ נִסְגָּרִים	....	....
7. אַתֶּם נִשְׁבָּרִים	....	....
8. אַתֶּן נִשְׁמָרוֹת	....	....
9. הֵם נִפְטָרִים	....	....
10. הֵן נִפְגָּשׁוֹת	....	....

ב. תַּרְגֵּם לְעִבְרִית.

1. The boy watched the house 2. The boy was watched by his mother. 3. The boy watched himself and did not run in the street. 4. The table will break. 5. The boy will break the table. 6. The table broke. 7. Watch out, do not cry. 8. The house was watched by the dogs. 9. He opened the door. 10. The door will be opened.

שִׁעוּר חֲמִשָּׁה עָשָׂר

Lesson Fifteen

נִפְעַל

הֵאָכֵל (נֶאֱכֹל)—לְהֵאָכֵל

הֹוֶה : נֶאֱכָל, נֶאֱכֶלֶת, (נֶאֱכָלָה), נֶאֱכָלִים, נֶאֱכָלוֹת.

עָבָר : נֶאֱכַלְתִּי, נֶאֱכַלְתָּ, נֶאֱכַלְתְּ, נֶאֱכַל, נֶאֶכְלָה, נֶאֱכַלְנוּ, נֶאֱכַלְתֶּם, נֶאֱכַלְתֶּן, נֶאֶכְלוּ.

עָתִיד: אֵאָכֵל, תֵּאָכֵל, תֵּאָכְלִי, יֵאָכֵל, תֵּאָכֵל, נֵאָכֵל, תֵּאָכְלוּ, תֵּאָכַלְנָה, יֵאָכְלוּ, תֵּאָכַלְנָה.

צִוּוּי : הֵאָכֵל, הֵאָכְלִי, הֵאָכְלוּ, הֵאָכַלְנָה.

הִבָּחֵר (נִבְחֹר)—לְהִבָּחֵר

הֹוֶה : נִבְחָר, נִבְחֶרֶת, (נִבְחָרָה), נִבְחָרִים, נִבְחָרוֹת.

עָבָר : נִבְחַרְתִּי, נִבְחַרְתָּ, נִבְחַרְתְּ, נִבְחַר, נִבְחֲרָה, נִבְחַרְנוּ, נִבְחַרְתֶּם, נִבְחַרְתֶּן, נִבְחֲרוּ.

עָתִיד: אֶבָּחֵר, תִּבָּחֵר, תִּבָּחֲרִי, יִבָּחֵר, תִּבָּחֵר, נִבָּחֵר, תִּבָּחֲרוּ, תִּבָּחַרְנָה, יִבָּחֲרוּ, תִּבָּחַרְנָה.

צִוּוּי : הִבָּחֵר, הִבָּחֲרִי, הִבָּחֲרוּ, הִבָּחַרְנָה.

הִשָּׁכֵחַ (נִשְׁכֹּחַ)—לְהִשָּׁכֵחַ

הֹוֶה : נִשְׁכָּח, נִשְׁכַּחַת (נִשְׁכָּחָה), נִשְׁכָּחִים, נִשְׁכָּחוֹת.

עָבָר : נִשְׁכַּחְתִּי, נִשְׁכַּחְתָּ, נִשְׁכַּחַתְּ, נִשְׁכַּח, נִשְׁכְּחָה, נִשְׁכַּחְנוּ, נִשְׁכַּחְתֶּם,
נִשְׁכַּחְתֶּן, נִשְׁכְּחוּ.

עָתִיד: אֶשָּׁכַח (אֶשָּׁכֵחַ), תִּשָּׁכַח, תִּשָּׁכְחִי, יִשָּׁכַח, תִּשָּׁכַח, נִשָּׁכַח,
תִּשָּׁכְחוּ, תִּשָּׁכַחְנָה, יִשָּׁכְחוּ, תִּשָּׁכַחְנָה.

צִוּוּי : הִשָּׁכַח, הִשָּׁכְחִי, הִשָּׁכְחוּ, הִשָּׁכַחְנָה.

1. The paradigm of נֶאֱכַל, הֵאָכֵל illustrates the changes brought about by a guttural first root-letter. The present and past tenses take the form of נֶאֱכַל—נֶאֱכָל where the חֲטַף סֶגּוֹל takes the place of the shewa and the preceding prefix takes for euphony a similar vowel: נֶאֱכַלְתִּי, נֶאֱכַלְתָּ.

2. In the future tense and in the imperative the short vowels סֶגּוֹל and חִירִיק are substituted for by the longer צֵירֶה in compensation for the daghesh that could not be placed in the gutttural letter: אֵאָכֵל, תֵּאָכֵל instead of אֶאָכֵל, תִּאָכֵל.

3. The paradigm of הִבָּחֵר represents the change of the shewa into a חֲטַף when the second root-letter is guttural: נִבְחֲרוּ as compared with נִשְׁמְרוּ.

4. The נִפְעַל follows the קַל in the changes of the third guttural root-letter: שָׁכַחַתְּ — נִשְׁכַּחַתְּ instead of נִשְׁכַּחְתְּ.

א. תַּרְגֵּם לְאַנְגְּלִית:

1. הִשָּׁמֵר נָא מִפְּנֵי הָאֲנָשִׁים הָאֵלֶּה, וַאֲנִי אֶשְׁמֹר עָלֶיךָ. 2. לֹא נִרְאוּ שְׁנֵי הָאֲנָשִׁים בְּעִירֵנוּ, אֲבָל רָאוּ אוֹתָם בְּעִיר אַחֶרֶת. 3. יֵאָמְרוּ הָאֲנָשִׁים הַזְּקֵנִים אֶת הַדְּבָרִים שֶׁנֶּאֶמְרוּ כַּאֲשֶׁר הָיוּ צְעִירִים. 4. כְּשֶׁנִּפְטְרָה הָאֵם הַזְּקֵנָה, בָּאוּ הַיְלָדִים. 5. הַכִּסְאוֹת נִשְׁבְּרוּ. 6. בְּצֵאת הָאָב מֵהַבַּיִת, תִּשָּׁאֵר הַנֶּכְדָּה לְבַדָּהּ. 7. אַחֲרֵי הַלְוָיָה נִשְׁכָּחִים הַמֵּתִים. 8. לֹא תִּשָּׁכַח יְרוּשָׁלַיִם מִזִּכְרוֹן הַיְּהוּדִים. 9. כְּשֶׁיִּגָּמֵר הַשִּׁעוּר נֵלֵךְ הַבַּיְתָה. 10. הַנָּשִׂיא יִבָּחֵר בַּשָּׁנָה הַבָּאָה.

ב. הַתְאֵם אֶת הַמִּלִּים:

1. He will remain. 2. They (m.) will be broken. 3. He will be seen. 4. She will be seen. 5. He was watched. 6. He watched himself. 7. She was forgotten. 8. She forgot. 9. They (f.) will be chosen. 10. He will be chosen.

יִשָּׁבְרוּ, נִשְׁמַר, יִשָּׁאֵר, שָׁכְחָה, יִבָּחֵר, נִשְׁכְּחָה, נִשְׁמַר, יִבָּחֲרוּ, תֵּרָאֶה, יֵרָאֶה.

ג. תַּרְגֵּם לְעִבְרִית:

1. The boy is being watched by his father. 2. Take heed and do not cry. 3. I wish the lesson were finished. 4. The window will break if you do not watch it. 5. At first both of them were sitting together and then they disappeared. 6. When the work will be finished, we shall go home. 7. After harvest nothing will remain in the field. 8. If we do not finish the work, it will not be finished. 9. All windows were broken and it was cold in the house. 10. All will be forgotten.

שִׁעוּר שִׁשָּׁה עָשָׂר

Lesson Sixteen

נִפְעַל

פְּעָלֵי פ״י

הִוָּלֵד (נוֹלֹד)—לְהִוָּלֵד

הֹוֶה : נוֹלָד, נוֹלֶדֶת, (נוֹלָדָה), נוֹלָדִים, נוֹלָדוֹת.

עָבָר : נוֹלַדְתִּי, נוֹלַדְתָּ, נוֹלַדְתְּ, נוֹלַד, נוֹלְדָה, נוֹלַדְנוּ, נוֹלַדְתֶּם, נוֹלַדְתֶּן, נוֹלְדוּ.

עָתִיד : אִוָּלֵד, תִּוָּלֵד, תִּוָּלְדִי, יִוָּלֵד, תִּוָּלֵד, נִוָּלֵד, תִּוָּלְדוּ, תִּוָּלַדְנָה, יִוָּלְדוּ, תִּוָּלַדְנָה.

צִוּוּי : הִוָּלֵד, הִוָּלְדִי, הִוָּלְדוּ, הִוָּלַדְנָה.

פְּעָלֵי פ״נ

הִנָּצֵל (נִצֹּל)—לְהִנָּצֵל

הֹוֶה : נִצָּל, נִצֶּלֶת, (נִצָּלָה), נִצָּלִים, נִצָּלוֹת.

עָבָר : נִצַּלְתִּי, נִצַּלְתָּ, נִצַּלְתְּ, נִצַּל, נִצְּלָה, נִצַּלְנוּ, נִצַּלְתֶּם, נִצַּלְתֶּן, נִצְּלוּ.

עָתִיד : אֶנָּצֵל, תִּנָּצֵל, תִּנָּצְלִי, יִנָּצֵל, תִּנָּצֵל, נִנָּצֵל, תִּנָּצְלוּ, תִּנָּצַלְנָה, יִנָּצְלוּ, תִּנָּצַלְנָה.

צִוּוּי : הִנָּצֵל, הִנָּצְלִי, הִנָּצְלוּ, הִנָּצַלְנָה.

פְּעָלֵי ע״ו

הִכּוֹן (נָכוֹן)—לְהִכּוֹן

הֹוֶה : נָכוֹן, נְכוֹנָה, נְכוֹנִים, נְכוֹנוֹת.

עָבָר : נְכוּנוֹתִי, נְכוּנוֹתָ, נְכוּנוֹת, נָכוֹן, נָכוֹנָה, וכו׳.

עָתִיד : אֶכּוֹן, תִּכּוֹן, תִּכּוֹנִי, יִכּוֹן, תִּכּוֹן, וכו׳.

צִוּוּי : הִכּוֹן, הִכּוֹנִי, הִכּוֹנוּ, הִכֹּנָּה.

פְּעָלֵי ל״א

הִמָּצֵא (נִמְצָא)—לְהִמָּצֵא

הֹוֶה : נִמְצָא, נִמְצֵאת (נִמְצָאָה), נִמְצָאִים, נִמְצָאוֹת.

עָבָר : נִמְצֵאתִי, נִמְצֵאתָ, נִמְצֵאת, נִמְצָא, נִמְצְאָה, נִמְצֵאנוּ, נִמְצֵאתֶם,
נִמְצֵאתֶן, נִמְצְאוּ.

עָתִיד : אֶמָּצֵא, תִּמָּצֵא, תִּמָּצְאִי, יִמָּצֵא, תִּמָּצֵא, נִמָּצֵא, תִּמָּצְאוּ,
תִּמָּצֶאנָה, יִמָּצְאוּ, תִּמָּצֶאנָה.

צִוּוּי : הִמָּצֵא, הִמָּצְאִי, הִמָּצְאוּ, הִמָּצֶאנָה.

פְּעָלֵי ל״ה

הִקָּנֵה (נִקְנָה)—לְהִקָּנוֹת

הֹוֶה : נִקְנֶה, נִקְנָה, (נִקְנֵית), נִקְנִים, נִקְנוֹת.

עָבַר: נִקְנֵיתִי, נִקְנֵיתָ, נִקְנֵית, נִקְנָה, נִקְנְתָה, נִקְנֵינוּ, נִקְנֵיתֶם, נִקְנֵיתֶן, נִקְנוּ.

עָתִיד: אֶקָּנֶה, תִּקָּנֶה, תִּקָּנִי, יִקָּנֶה, תִּקָּנֶה, נִקָּנֶה, תִּקָּנוּ, תִּקָּנֶינָה, יִקָּנוּ, תִּקָּנֶינָה.

צִוּוּי: הִקָּנֵה, הִקָּנִי, הִקָּנוּ, הִקָּנֶינָה.

כְּפוּלִים—ע״ע

הִסֵּב (נָסוֹב)—לְהִסֵּב

הֹוֶה: נָסַב, נְסַבָּה, נְסַבִּים, נְסַבּוֹת.

עָבַר: נְסַבּוֹתִי, נְסַבּוֹתָ, נְסַבּוֹת, וכו׳.

עָתִיד: אֶסַּב, תִּסַּב, תִּסַּבִּי, יִסַּב, תִּסַּב, וכו׳.

צִוּוּי: הִסַּב, הִסַּבִּי, הִסַּבּוּ, הִסַּבֶּינָה.

1. הַיֶּלֶד **נוֹלַד** בַּשָּׁבוּעַ שֶׁעָבַר. — The child *was born* last week.

2. הַדָּבָר **נַעֲשָׂה** הֵיטֵב. — The thing *was done* well.

3. הַסֵּפֶר **יִמָּצֵא**. — The book *will be found.*

4. אָח לְצָרָה **יִוָּלֵד** (משלי י״ז, י״ז). — A brother *is born* for adversity.

5. אָכֵן **נוֹדַע** הַדָּבָר (שמות ב׳, י״ד). — Surely the thing *is known.*

6. כַּאֲשֶׁר עָשִׂיתָ **יֵעָשֶׂה** לָּךְ (עובדיה א׳, ט״ו).

As thou hast done, *it shall be done* unto thee.

7. עָבַר קָצִיר, כָּלָה קָיִץ, וַאֲנַחְנוּ לוֹא **נוֹשָׁעְנוּ** (ירמיהו ח׳, כ׳).

The harvest is past, the summer is ended, and *we are not saved.*

8. תֶּבֶן אֵין נִתָּן לַעֲבָדֶיךָ וּלְבֵנִים אוֹמְרִים לָנוּ עֲשׂוּ (שמות ה׳, ט״ז).

There is no straw *given* unto thy servants, and they say to us: Make bricks.

9. בִּשְׁלֹשָׁה דְבָרִים הָאָדָם נִכָּר: בְּכוֹסוֹ, בְּכִיסוֹ וּבְכַעֲסוֹ.

A man *is known* by three things: his wine cup, his purse, and his anger.

10. הֶרְגֵּל נַעֲשֶׂה טֶבַע.

Habit *becomes* nature.

1. The פ״א verbs have no special form in נִפְעַל and are conjugated like verbs with first guttural root letters.

2. The פ״י verbs of the type of ישב and ירש are also referred to as פ״ו verbs. Originally they had a ו in the פ׳ הַפֹּעַל; it was lost in the קַל but retained in the הֻפְעַל, הִפְעִיל, נִפְעַל and at times in the הִתְפַּעֵל, as will be explained later. In the present and past tenses the ו reappears as a vowel: נוֹלַד; in the future tense and in the imperative it is hardened into a consonant: יִוָּלֵד.

3. In the פ״נ verbs, as illustrated in הִנָּצֵל, the vowelless נ is assimilated as in the קַל, and the following letter is strengthened: נִנְצַל—נִצַּל.

4. The נִפְעַל of ע״י, ע״ו and ע״ע is seldom used in the past and future tenses, but is more frequent in the infinitive and present tense: *confused*—נָבוֹךְ; *enlightened*—נָאוֹר; *correct, established*—נָכוֹן.

5. In the paradigm of הִמָּצֵא special attention should be

paid to the form of תְּמֶצֶאנָה where a סֶגּוֹל is substituted for the regular long vowel of the ל״א verbs (Most probably because of similarity to the ל״ה verbs).

6. In the ל״ה verbs the accepted grammatical form of the first person plural in the past tense is נִקְנֵינוּ, נִקְנֵיתֶם, etc. Modern Hebrew tends however to remove the differences, and it is usually pronounced and written נִקְנֵיתֶם, נִקְנֵינוּ, etc.

7. The כְּפוּלִים are rarely used in the נִפְעַל. Their distinguishing characteristic is the פַּתַח in the פ׳ הַפֹּעַל: נָסַב, נְסַבּוֹתִי unlike נָכוֹן, נְכוּנוֹתִי of the ע״ו verbs.

תַּרְגִּילִים

א. נַקֵּד:

1. הדלת נשברה. 2. הדלת תשבר. 3. אשבר את הדלת
4. האיש ישאר בבית. 5. האנשים נמצאים בבית. 6. האיש
רוצה למצא את הכסף שאבד לו. 7. הכלב שומר את הבית.
8. הבית ישמר על ידי הכלב. 9. הכלב ישמר את הבית.
10. הנערה אוכלת לחם. 11. הלחם יאכל היום. 12. הנערה
תאכל את הלחם. 13. הילד יאכל את התפוחים.

ב. הַשְׁלֵם לְפִי הַדֻּגְמָה:

קַל	נִפְעַל	קַל	נִפְעַל
פָּגַשְׁתִּי	נִפְגַּשְׁתִּי		

1. פּוֹגֵשׁ	6. תִּרְאֶינָה ....
2. שׁוֹמֶרֶת	7. שָׁמַע ....
3. שָׁבַרְתִּי	8. לִשְׁמֹעַ ....
4. אֶשְׁבֹּר	9. יָלְדָה ....
5. אֶרְאֶה	10. תֵּלֵד ....

שִׁעוּר שִׁבְעָה עָשָׂר

Lesson Seventeen

פִּעֵל

שְׁלֵמִים

סִפֵּר – לְסַפֵּר

הֹוֶה : מְסַפֵּר, מְסַפֶּרֶת, מְסַפְּרִים, מְסַפְּרוֹת.

עָבָר : סִפַּרְתִּי, סִפַּרְתָּ, סִפַּרְתְּ, סִפֵּר, סִפְּרָה, סִפַּרְנוּ, סִפַּרְתֶּם,
סִפַּרְתֶּן, סִפְּרוּ.

עָתִיד : אֲסַפֵּר, תְּסַפֵּר, תְּסַפְּרִי, יְסַפֵּר, תְּסַפֵּר, נְסַפֵּר, תְּסַפְּרוּ,
תְּסַפֵּרְנָה, יְסַפְּרוּ, תְּסַפֵּרְנָה.

צִוּוּי : סַפֵּר, סַפְּרִי, סַפְּרוּ, סַפֵּרְנָה.

פְּעָלֵי ע׳ גְּרוֹנִית

בֵּרֵךְ – לְבָרֵךְ

הֹוֶה : מְבָרֵךְ, מְבָרֶכֶת, מְבָרְכִים, מְבָרְכוֹת.

עָבָר : בֵּרַכְתִּי, בֵּרַכְתָּ, בֵּרַכְתְּ, בֵּרֵךְ (בֵּרַךְ), בֵּרְכָה, בֵּרַכְנוּ, בֵּרַכְתֶּם,
בֵּרַכְתֶּן, בֵּרְכוּ.

עָתִיד : אֲבָרֵךְ, תְּבָרֵךְ, תְּבָרְכִי, יְבָרֵךְ, תְּבָרֵךְ, נְבָרֵךְ, תְּבָרְכוּ
תְּבָרֵכְנָה, יְבָרְכוּ, תְּבָרֵכְנָה.

צִוּוּי : בָּרֵךְ, בָּרְכִי, בָּרְכוּ, בָּרֵכְנָה.

שַׁלַּח—לְשַׁלַּח

הוֹוֶה : מְשַׁלֵּחַ, מְשַׁלַּחַת, מְשַׁלְּחִים, מְשַׁלְּחוֹת.

עָבָר : שִׁלַּחְתִּי, שִׁלַּחְתָּ, שִׁלַּחְתְּ, שִׁלַּח, שִׁלְּחָה, שִׁלַּחְנוּ, שִׁלַּחְתֶּם, שִׁלַּחְתֶּן, שִׁלְּחוּ.

עָתִיד: אֲשַׁלַּח, תְּשַׁלַּח, תְּשַׁלְּחִי, יְשַׁלַּח, תְּשַׁלַּח, נְשַׁלַּח, תְּשַׁלְּחוּ, תְּשַׁלַּחְנָה, יְשַׁלְּחוּ, תְּשַׁלַּחְנָה.

צִוּוּי : שַׁלַּח, שַׁלְּחִי, שַׁלְּחוּ, שַׁלַּחְנָה.

1. חַזְּקוּ יָדַיִם רָפוֹת וּבִרְכַּיִם כּוֹשְׁלוֹת אַמֵּצוּ (ישעיהו ל״ה, ג׳).

Strengthen the weak hands and *make firm* tottering knees.

2. יַיִן יְשַׂמַּח לְבַב אֱנוֹשׁ (תהלים ק״ד, ט״ו).

Wine *maketh glad* the heart of man.

3. יָמִים יְדַבֵּרוּ (איוב ל״ב, ז׳)

Days *should speak.*

4. לֹא תְקַלֵּל חֵרֵשׁ (ויקרא י״ט, י״ד).

Thou shalt not curse the deaf.

5. לֹעֵג לָרָשׁ חֵרֵף עֹשֵׂהוּ (משלי י״ז, ה׳).

Whoso mocketh the poor *blasphemeth* his maker.

6. שַׁלַּח לַחְמְךָ עַל פְּנֵי הַמָּיִם (קהלת י״א, א׳).

Cast thy bread upon the waters.

7. גְּדוֹלָה לְגִימָה שֶׁמְּקָרֶבֶת אֶת הָרְחוֹקִים.

Great is a drink, for *it makes* the far *near.*

8. כַּבְּדֵהוּ וְחָשְׁדֵהוּ.

Respect him and suspect him.

9. הַמְמַהֵר בְּאַהֲבָה מְמַהֵר בְּשִׂנְאָה.

One who *is rash* in love *is rash* in hatred.

10. כָּל הַמְגָרֵשׁ אִשְׁתּוֹ רִאשׁוֹנָה, אֲפִילוּ מִזְבֵּחַ מוֹרִיד עָלָיו דְּמָעוֹת.

When a man *divorces* his first wife, even the **altar sheds** tears upon him.

A. The functions of the פִּעֵל:

1. The main function of the פִּעֵל is to show intensive action: שָׁבַר אֶת הַחַלּוֹן—*He broke the window;* שִׁבֵּר אֶת הַחַלּוֹן—*He shattered the window.*

2. At times, however, the intensification is subtle and may not even be distinguished in translation:

a. *He told (recounted)*—סִפֵּר; *He counted*—סָפַר.

b. *He played*—שִׂחֵק; *He laughed*—שָׂחַק.

3. Some verbs have no קַל at all: בִּקֵּשׁ — asked for, begged, etc. But even these verbs may indicate some subtle intensity of a lost קַל.

4. Multiple action, mental activity, etc., are often expressed by the פִּעֵל:

a. קָפַץ—*jumped;* קִפֵּץ—*jumped about.*

b. קָמַץ—*compressed;* קִמֵּץ—*saved.*

5. At times the פִּעֵל also implies a causative meaning:

a. *studied*—לָמַד; *taught*—לִמֵּד.

b. *slept*—יָשַׁן; *put to sleep*—יִשֵּׁן.

B. The structure of the פִּעֵל:

1. The basic structural sign of the פִּעֵל is the דָּגֵשׁ in

the ע׳ הַפֹּעַל. In other languages the intensity is generally expressed by the use of a different root (*to break—to shatter; to study—to teach*) and by adding another word (*to break into pieces*) or a prefix (*count—recount; zählen--erzählen*); In Hebrew the word undergoes an inner expansion לָמַד—לִמֵּד—לִמֵּד.

2. The differentiating vowel of the פִּעֵל is the short חִירִיק: סִפֵּר, לִמֵּד.

3. The guttural פ׳ הַפֹּעַל does not introduce any irregularities into the conjugation: עָבַד—עִבֵּד like סִפֵּר—סָפַר.

4. If the second root letter is an א or a ר, it changes in accordance with the paradigm of בֵּרֵךְ.

5. If the third root letter is a ח or a ע, it generally follows the scheme of שִׁלַּח. In accordance with grammatical rules the form of שִׁלֵּחַ, etc., should be used only in a pause, but in modern spoken Hebrew it is used even in the middle of a sentence.

תַּרְגִּילִים

א. הַשְׁלֵם:

1. הָאָב (ברך—הוה) אֶת בְּנוֹ. 2. הָאֵם (רחם—עבר) עַל הַיֶּלֶד. 3. הַמּוֹרֶה (למד—עבר) אֶת הַתַּלְמִיד. 4. הָאֵם (חבק—עבר) אֶת בְּנָהּ. 5. פַּרְעֹה (שלח—עבר) אֶת בְּנֵי יִשְׂרָאֵל מִמִּצְרַיִם. 6. הַיְלָדִים (שחק—עתיד) בַּחוּץ. 7. (בקש—צווי) כֶּסֶף מֵאָבִיךָ. 8. הַדֶּלֶת

(הסגר—עתיד). 9. הָאִשָּׁה (הכנס--עבר) אֶל הַבַּיִת. 10. סָבָא (ספר—הוה) סִפּוּרִים לַיֶּלֶד.

ב. תַּרְגֵּם לְעִבְרִית.

1. The boy will play with his friends. 2. The father asked the teacher to teach his boy. 3. The door will be opened. 4. The men will enter the house. 5. The father embraced his child. 6. Tell us a story. 7. He likes to tell stories. 8. Children like to play. 9. The teacher sent the child out of the room.

שִׁעוּר שְׁמֹנָה עָשָׂר

Lesson Eighteen

פִּעֵל

פְּעָלֵי ל״א

מִלֵּא — לְמַלֵּא

הֹוֶה : מְמַלֵּא, מְמַלֵּאת (מְמַלְּאָה), מְמַלְּאִים, מְמַלְּאוֹת.

עָבָר : מִלֵּאתִי, מִלֵּאתָ, מִלֵּאת, מִלֵּא, מִלְּאָה, מִלֵּאנוּ, מִלֵּאתֶם,
מִלֵּאתֶן, מִלְּאוּ.

עָתִיד : אֲמַלֵּא, תְּמַלֵּא, תְּמַלְּאִי, יְמַלֵּא, תְּמַלֵּא, נְמַלֵּא, תְּמַלְּאוּ,
תְּמַלֶּאנָה, יְמַלְּאוּ, תְּמַלֶּאנָה.

צִוּוּי : מַלֵּא, מַלְּאִי, מַלְּאוּ, מַלֶּאנָה.

פְּעָלֵי ל״ה

כִּסָּה — לְכַסּוֹת

הֹוֶה : מְכַסֶּה, מְכַסָּה, מְכַסִּים, מְכַסּוֹת.

עָבָר : כִּסִּיתִי (כִּסֵּיתִי), כִּסִּיתָ, כִּסִּית, כִּסָּה, כִּסְּתָה, כִּסִּינוּ, כִּסִּיתֶם,
כִּסִּיתֶן, כִּסּוּ.

עָתִיד : אֲכַסֶּה, תְּכַסֶּה, תְּכַסִּי, יְכַסֶּה, תְּכַסֶּה, נְכַסֶּה, תְּכַסּוּ, תְּכַסֶּינָה,
יְכַסּוּ, תְּכַסֶּינָה.

צִוּוּי : כַּסֵּה, כַּסִּי, כַּסּוּ, כַּסֶּינָה.

כְּפוּלִים וע״ו—ע״י

סוֹבֵב—לְסוֹבֵב; קוֹמֵם—לְקוֹמֵם

הֹוֶה : מְסוֹבֵב, מְסוֹבֶבֶת, מְסוֹבְבִים, מְסוֹבְבוֹת. (מְקוֹמֵם, וכו׳)

עָבָר : סוֹבַבְתִּי, סוֹבַבְתָּ, סוֹבַבְתְּ, סוֹבֵב, סוֹבְבָה, סוֹבַבְנוּ, סוֹבַבְתֶּם, סוֹבַבְתֶּן, סוֹבְבוּ. (קוֹמַמְתִּי, וכו׳)

עָתִיד : אֲסוֹבֵב, תְּסוֹבֵב, תְּסוֹבְבִי, יְסוֹבֵב, תְּסוֹבֵב, נְסוֹבֵב, תְּסוֹבְבוּ, תְּסוֹבֵבְנָה, יְסוֹבְבוּ, תְּסוֹבֵבְנָה. (אֲקוֹמֵם, וכו׳)

צִוּוּי : סוֹבֵב, סוֹבְבִי, סוֹבְבוּ, סוֹבֵבְנָה: (קוֹמֵם, וכו׳)

1. עַל כָּל פְּשָׁעִים תְּכַסֶּה אַהֲבָה (משלי י׳, י״ב).

Love *covereth* all transgressions.

2. אֶרֶץ, אַל תְּכַסִּי דָמִי (איוב ט״ז, י״ח).

O earth, *cover not* thou my blood.

3. נֶפֶשׁ רְעֵבָה מִלֵּא טוֹב (תהלים ק״ז, ט׳).

The hungry soul *he hath filled* with good.

4. מְשַׁנֶּה מָקוֹם מְשַׁנֶּה מַזָּל.

He that *changeth* his place *changeth* his luck.

5. לַמֵּד לְשׁוֹנְךָ לֵאמֹר: „אֵינִי יוֹדֵעַ״.

Teach thy tongue to say: "I do not know".

1. The first root-letter irregularities of פ״נ, פ״י, פ״א disappear in the פִּעֵל and the verbs follow the שְׁלֵמִים: *settled*—יִשֵּׁב; *exploited*—נִצֵּל.

2. The ע״י, ע״ו, ע״ע follow the scheme of קוֹמֵם, סוֹבֵב. Because of the weakness of the ע׳ הַפֹּעַל the last letter is doubled. Grammarians consider this intensive

form as a special conjugation בִּנְיַן פּוֹלֵל. We shall, however, consider it for the sake of simplicity a special form of the פִּעֵל. Some later intensified forms of the same verbs have the regular form of פִּעֵל: קִיֵּם *fulfilled*, בִּיֵּשׁ *insulted*.

3. The conjugations of ל״א and ל״ה verbs are illustrated above by the verbs מָלֵא and כָּסָה.

תַּרְגִּילִים

א. הַשְׁלֵם לְפִי הַדֻּגְמָה:

	קַל	נִפְעַל	פִּעֵל
	פּוֹתֵחַ	נִפְתָּח	מְפַתֵּחַ
.1	לִפְתֹּחַ	....	....
.2	סָפַרְתִּי	....	....
.3	מָלְאָה	....	....
.4	אֶשְׁלַח	....	....
.5	לָמְדָה	....	....
.6	סָפַר	....	....
.7	סְפֹר	....	....
.8	שְׁלַח	....	....
.9	שׁוֹמֵר	....	....
.10	יַעֲבֹר	....	....

א. תַּרְגֵּם לְעִבְרִית:

1. He filled his pockets with newspapers. 2. He covered the table with paper. 3. The boy begged his friend to eat with him. 4. The father commanded his boy to go to school. 5. She will bless her son. 6. The people talked to each other. 7. The teacher will tell us a beautiful story. 8. How many years ago did you speak to that man? 9. Abraham, embrace your father. 10. Let your teacher tell you stories.

שִׁעוּר תְּשְׁעָה עָשָׂר

Lesson Nineteen

פִּעֵל

סִפֵּר

הֹוֶה : מְסַפֵּר, מְסַפֶּרֶת (מְסַפְּרָה), מְסַפְּרִים, מְסַפְּרוֹת.

עָבָר : סִפַּרְתִּי, סִפַּרְתָּ, סִפַּרְתְּ, סִפֵּר, סִפְּרָה, סִפַּרְנוּ, סִפַּרְתֶּם,
סִפַּרְתֶּן, סִפְּרוּ.

עָתִיד: אֲסַפֵּר, תְּסַפֵּר, תְּסַפְּרִי, יְסַפֵּר, תְּסַפֵּר, נְסַפֵּר, תְּסַפְּרוּ,
תְּסַפֵּרְנָה, יְסַפְּרוּ, תְּסַפֵּרְנָה.

בֵּרֵךְ

הוה : מְבָרֵךְ, מְבָרֶכֶת (מְבָרְכָה), מְבָרְכִים, מְבָרְכוֹת.

עָבָר : בֵּרַכְתִּי, בֵּרַכְתָּ, בֵּרַכְתְּ, בֵּרַךְ, בֵּרְכָה, בֵּרַכְנוּ, בֵּרַכְתֶּם,
בֵּרַכְתֶּן, בֵּרְכוּ.

עָתִיד: אֲבָרֵךְ, תְּבָרֵךְ, תְּבָרְכִי, יְבָרֵךְ, תְּבָרֵךְ, נְבָרֵךְ, תְּבָרְכוּ,
תְּבָרֵכְנָה, יְבָרְכוּ, תְּבָרֵכְנָה.

צִוָּה

הֹוֶה : מְצַוֶּה, מְצַוָּה (מְצַוֵּית), מְצַוִּים, מְצַוּוֹת.

עָבָר : צִוִּיתִי, צִוִּיתָ, צִוִּית, צִוָּה, צִוְּתָה, צִוִּינוּ, צִוִּיתֶם, צִוִּיתֶן, צִוּוּ.

עָתִיד: אֲצַוֶּה, תְּצַוֶּה, תְּצַוִּי, יְצַוֶּה, תְּצַוֶּה, נְצַוֶּה, תְּצַוּוּ, תְּצַוֶּינָה, יְצַוּוּ,

תְּצֻוֶּינָה.

1. גֻּנֹּב גֻּנַּבְתִּי מֵאֶרֶץ הָעִבְרִים (בראשית מ׳, ט״ו).

Indeed *I was stolen* away out of the land of the Hebrews.

2. לְפִי שִׂכְלוֹ יְהֻלַּל אִישׁ (משלי י״ב, ח׳).

A man *shall be commended* according to his intelligence.

3. לֹא תַאֲמִינוּ כִּי יְסֻפָּר (חבקוק א׳, ה׳).

Ye will not believe though *it be told* you.

4. טוֹב לִי כִּי עֻנֵּיתִי (תהלים קי״ט, ע״א).

It is good for me that *I have been afflicted.*

5. וְנִבֵּאתִי כַּאֲשֶׁר צֻוֵּיתִי (יחזקאל ל״ז, ז׳).

I prophesied as *I was commanded.*

6. אֵיזֶהוּ מְכֻבָּד? הַמְכַבֵּד אֶת הַבְּרִיּוֹת (אבות ד׳, א׳).

Who *is honored?*—He that honors others.

A. Functions of the פֻּעַל:

1. The פֻּעַל is essentially the passive of the פִּעֵל, and their relationship is much closer than the relationship between the קַל and נִפְעַל.

2. In a very few cases the פֻּעַל is the passive of the קַל:

took — לָקַח, *was taken* — לֻקַּח; *killed* — הָרַג, *was killed*—הֹרַג;
cut — כָּרַת, *was cut* — כֹּרַת.

But even these might originally have had forms of פִּעֵל unknown to us.

B. Structure of the פֻּעַל:

1. The main structural sign of the פֻּעַל is the daghesh in the ע׳ הַפֹּעַל. It, therefore, follows closely the rules of the פִּעֵל.

2. The differentiating vowel of the פֻּעַל is the קִבּוּץ.

C. In current Hebrew usage the פֻּעַל is being avoided in the past and future tenses, for it may be easily substituted for by other forms. It has been retained, however, in the present tense, where it is being used mainly as a noun and an adjective. The following represent some of the words commonly used:

מְאֻשָּׁר — *happy*	מְסֻכָּן — *critically ill, dangerous*
מְגֻשָּׁם — *vulgar*	מְגֻלָּח — *shaved*
מְפֻזָּר — *scattered*	מְלֻמָּד — *scholar*
מְחֻיָּב — *obliged*	מְזֻיָּף — *counterfeit*
מְשֻׁגָּע — *insane*	מְתֻקָּן — *repaired, proper*
מְרֻבָּע — *square*	מְצֻיָּן — *excellent*
מְנֻוָּל — *scoundrel; repulsive*	מְחֻתָּן — *relative (by marriage)*
מְנֻסֶּה — *experienced*	

D. When written without vowels, the present פֻּעַל takes a שׁוּרֶק usually, instead of a קִבּוּץ: מגולח, מאושר, מחויב, etc.

1. הספור ספר לי אתמול. 2. אספר לך מחר 3. האב מברך את הנער והנער מברך. 4. המורה משלח את הילד והילד

משלח. 5. יוסף גנב מארץ העברים. 5. האם צותה את הילדה שתספר לה ספור. 7. הכוס שברה על ידי הילד. 8. הספרדים גרשו את היהודים. 9. היהודים גרשו מספרד.

ב. הֲפֹךְ אֶת הַפְּעָלִים לְפֹעַל לְפִי הַדֻּגְמָה:

1. הוּא מְסַפֵּר סִפּוּר — — הַסִּפּוּר מְסֻפָּר.
2. הוּא מְשַׁלֵּחַ אֶת הָאִישׁ.............. ....
3. הִיא מְמַלֵּאת אֶת הַדָּגִים ....
4. בֵּית הַסֵּפֶר מְפַתֵּחַ אֶת הַיֶּלֶד ....
5. אַתָּה בֵּרַכְתָּ אֶת הָאִישׁ ....
6. הֵם גֵּרְשׁוּ אֶת הָאֲנָשִׁים ....
7. עִנּוּ אֶת הַיְּהוּדִים בִּסְפָרַד ....
8. מְעַנִּים אֶת הַיְּהוּדִים בְּגֶרְמַנְיָה ....
9. הַיֶּלֶד יְשַׁבֵּר אֶת הָעֵט ....
10. הַיֶּלֶד יְשַׁבֵּר אֶת הַתְּמוּנָה ....

ג. תַּרְגֵּם לְעִבְרִית:

1. The Jews were driven out of Spain (סְפָרַד) in 1492. 2. He blessed the man. 3. He was blessed. 4. The table is covered. 5. The story told in this book is beautiful. 6. He is telling a beautiful story. 7. He fills his pen with ink (דְּיוֹ). 8. His pen is filled with ink. 9. He covered the table. 10. The skies are covered with clouds.

שִׁעוּר עֶשְׂרִים

Lesson Twenty

הִפְעִיל—שְׁלֵמִים

הַלְבֵּשׁ—לְהַלְבִּישׁ

הֹוֶה : מַלְבִּישׁ, מַלְבִּישָׁה (מַלְבֶּשֶׁת), מַלְבִּישִׁים, מַלְבִּישׁוֹת.

עָבָר : הִלְבַּשְׁתִּי, הִלְבַּשְׁתָּ, הִלְבַּשְׁתְּ, הִלְבִּישׁ, הִלְבִּישָׁה, הִלְבַּשְׁנוּ,
הִלְבַּשְׁתֶּם, הִלְבַּשְׁתֶּן, הִלְבִּישׁוּ.

עָתִיד : אַלְבִּישׁ, תַּלְבִּישׁ, תַּלְבִּישִׁי, יַלְבִּישׁ, תַּלְבִּישׁ, נַלְבִּישׁ, תַּלְבִּישׁוּ,
תַּלְבֵּשְׁנָה, יַלְבִּישׁוּ, תַּלְבֵּשְׁנָה.

צִוּוּי : הַלְבֵּשׁ, הַלְבִּישִׁי, הַלְבִּישׁוּ, הַלְבֵּשְׁנָה.

פְּעָלֵי פ״א

הַאֲכֵל—לְהַאֲכִיל

הֹוֶה : מַאֲכִיל, מַאֲכִילָה, מַאֲכִילִים, מַאֲכִילוֹת.

עָבָר : הֶאֱכַלְתִּי, הֶאֱכַלְתָּ, הֶאֱכַלְתְּ, הֶאֱכִיל, הֶאֱכִילָה, הֶאֱכַלְנוּ,
הֶאֱכַלְתֶּם, הֶאֱכַלְתֶּן, הֶאֱכִילוּ.

עָתִיד : אַאֲכִיל, תַּאֲכִיל, תַּאֲכִילִי, יַאֲכִיל, תַּאֲכִיל, נַאֲכִיל, תַּאֲכִילוּ,
תַּאֲכֵלְנָה, יַאֲכִילוּ, תַּאֲכֵלְנָה.

צִוּוּי : הַאֲכֵל, הַאֲכִילִי, הַאֲכִילוּ, הַאֲכֵלְנָה.

1. זֶה יַשְׁפִּיל וְזֶה יָרִים (תהלים ע״ה, ח׳).

He putteth down one and lifteth up another.

2. גַּם אֱוִיל מַחֲרִישׁ חָכָם יֵחָשֵׁב (משלי י״ז, כ״ח).

Even a fool, when he *holdeth his peace*, is counted wise.

3. פֶּתִי יַאֲמִין לְכָל דָּבָר (משלי י״ד, ט״ו).

The thoughtless *believeth* every word.

4. אַל תַּאֲמִין בְּעַצְמְךָ עַד יוֹם מוֹתְךָ

Trust not in thyself until the day of thy death.

5. הִתְחַלְתָּ בְּמִצְוָה — גְּמֹר.

You have started a good deed, complete it.

6. אֵין אוֹרֵחַ מַכְנִיס אוֹרֵחַ.

One guest does not *bring* another guest.

7. הַזְּאֵב מַחֲלִיף שְׂעָרוֹ וְלֹא טִבְעוֹ.

The wolf *changes* his hair but not his nature.

~~~~~~~~~

A. The functions of the הִפְעִיל :

1. The main function of the הִפְעִיל is the *causative* :

הַיֶּלֶד לָבַשׁ אֶת בְּגָדָיו — The boy *put on* his clothes.

הָאָב הִלְבִּישׁ אֶת הַיֶּלֶד — The father *dressed* the child (*caused him to be dressed*).

הַיֶּלֶד אָכַל — The child *ate*.

הָאָב הֶאֱכִיל אֶת הַיֶּלֶד — The father *fed* the child (*caused the child to eat*).

2. Very often the causation is hardly perceived in translation :

הִשְׁאִיר — *left* (*something or someone*); הִצִּיל — *saved, rescued*.

3. Some verbs seem to have the function of a simple קַל: הֶאֱמִין—*believed*; הִתְחִיל—*began*.

B. Structure of the הִפְעִיל:

1. The main characteristic of the הִפְעִיל is the ה which has been retained in the past tense — הִלְבִּישׁ but dropped out in the present and future tenses: מַלְבִּישׁ—מְהַלְבִּישׁ ;יַלְבִּישׁ—יְהַלְבִּישׁ.

2. There is a distinct difference in this בִּנְיָן between the infinitive absolute הַלְבֵּשׁ and infinitive construct הַלְבִּישׁ.

3. The imperative, positive as well as negative, takes the shorter form: הַלְבֵּשׁ, אַל תַּלְבֵּשׁ (But לֹא תַלְבִּישׁ).

4. As illustrated, the changes due to guttural letters follow the similar changes in the נפעל (See part II. lesson 15).

תַּרְגִּילִים

א. קְרָא וְתַרְגֵּם:

1. הַיֶּלֶד הַגָּדוֹל אוֹכֵל בְּעַצְמוֹ וְהָאֵם מַאֲכִילָה אֶת הַיֶּלֶד הַקָּטָן.
2. הַמִּצְרִים הֶעֱבִידוּ אֶת הָעִבְרִים וְהָעִבְרִים עָבְדוּ עֲבוֹדָה קָשָׁה.
3. הָאֵם הִלְבִּישָׁה אֶת הַיֶּלֶד הַקָּטָן וְהַנַּעַר הַגָּדוֹל לָבַשׁ אֶת בְּגָדָיו בְּעַצְמוֹ.
4. כַּאֲשֶׁר הָיִיתִי קָטָן, הָיְתָה אִמִּי מַשְׁכִּיבָה אוֹתִי בְּמִטָּתִי.
5. בְּיוֹם רִאשׁוֹן אֵין לִמּוּדִים בְּבֵית הַסֵּפֶר וְהַנַּעַר שׁוֹכֵב בַּמִּטָּה.
6. כְּשֶׁרָאִיתִי עָנִי עוֹמֵד בַּחוּץ, אָמַרְתִּי בְּלִבִּי שֶׁאַכְנִיס אוֹתוֹ אֶל בֵּיתִי.
7. כְּשֶׁנִּכְנַס דָּוִד אֶל הַבַּיִת הַחַם, שָׂמַח מְאֹד.
8. הַנַּעַר נִשְׁאַר אַחֲרֵי הַלִּמּוּדִים וְשָׁאַל שְׁאֵלוֹת.
9. הָאָב וְהָאֵם הָלְכוּ לְטַיֵּל

וְהִשְׁאִירוּ אֶת הַנְּעָרִים בַּבַּיִת. 10. הַמּוֹרֶה אָמַר לַתַּלְמִידִים שֶׁלֹּא יַעֲבִיד אוֹתָם עֲבוֹדָה קָשָׁה.

ב. הַשְׁלֵם בְּעִבְרִית:

1. הָאֵם (dressed) אֶת הַיַּלְדָּה. 2. הַנַּעֲרָה (puts on) אֶת בְּגָדֶיהָ. 3. כְּשֶׁיָּבוֹא הָעֶרֶב (will lie) הַיֶּלֶד לִישׁוֹן. 4. הָאֵם (will put to bed) אֶת הַיֶּלֶד. 5. הָאִישׁ (entered) אֶל הַבַּיִת. 6. אַבָּא (let in) אֶת הָאִישׁ הֶעָנִי אֶל הַבַּיִת. 7. הָאֵם רוֹצָה (to feed) אֶת הַיַּלְדָּה. 8. אֲנַחְנוּ רוֹצִים (to eat) 9. אֲנַחְנוּ (will remain) בַּבַּיִת. 10. אַבָּא (will leave us) בַּבַּיִת.

ג. הַשְׁלֵם לְפִי הַדֻּגְמָה:

קַל	הִפְעִיל	קַל	הִפְעִיל
אֶלְבַּשׁ	אַלְבִּישׁ		
1. לוֹבֵשׁ	....	6. לָבַשְׁתָּ	....
2. אָכַל	....	7. אָכַלְתְּ	....
3. שָׁכַב	....	8. יִלְבְּשׁוּ	....
4. יַעֲבֹד	....	9. אֱכֹל	....
5. עָבַדְתִּי	....	10. לִלְבֹּשׁ	....

שִׁעוּר עֶשְׂרִים וְאֶחָד

Lesson Twenty-One

הִפְעִיל

פְּעָלֵי פ״ו—פ״י

הוֹשֵׁב—לְהוֹשִׁיב; הֵיטֵב—לְהֵיטִיב

הֹוֶה: מוֹשִׁיב, מוֹשִׁיבָה, מוֹשִׁיבִים, מוֹשִׁיבוֹת. (מֵיטִיב, מֵיטִיבָה, מֵיטִיבִים, מֵיטִיבוֹת).

עָבָר: הוֹשַׁבְתִּי, הוֹשַׁבְתָּ, הוֹשַׁבְתְּ, הוֹשִׁיב, הוֹשִׁיבָה, הוֹשַׁבְנוּ, הוֹשַׁבְתֶּם, הוֹשַׁבְתֶּן, הוֹשִׁיבוּ. (הֵיטַבְתִּי, וכו׳).

עָתִיד: אוֹשִׁיב, תּוֹשִׁיב, תּוֹשִׁיבִי, יוֹשִׁיב, תּוֹשִׁיב, נוֹשִׁיב, תּוֹשִׁיבוּ, תּוֹשֵׁבְנָה, יוֹשִׁיבוּ, תּוֹשֵׁבְנָה. (אֵיטִיב, וכו׳).

צִוּוּי: הוֹשֵׁב, הוֹשִׁיבִי, הוֹשִׁיבוּ, הוֹשֵׁבְנָה. (הֵיטֵב, הֵיטִיבִי, וכו׳).

פ״נ

הַשֵּׁב—לְהַשִּׁיב

הֹוֶה: מַשִּׁיב, מַשִּׁיבָה, מַשִּׁיבִים, מַשִּׁיבוֹת.

עָבָר: הִשַּׁבְתִּי, הִשַּׁבְתָּ, הִשַּׁבְתְּ, הִשִּׁיב, הִשִּׁיבָה, הִשַּׁבְנוּ, הִשַּׁבְתֶּם, הִשַּׁבְתֶּן, הִשִּׁיבוּ.

עָתִיד: אַשִּׁיב, תַּשִּׁיב, תַּשִּׁיבִי, יַשִּׁיב, תַּשִּׁיב, נַשִּׁיב, תַּשִּׁיבוּ, תַּשֵּׁבְנָה, יַשִּׁיבוּ, תַּשֵּׁבְנָה.

צִוּוּי: הַשֵּׁב, הַשִּׁיבִי, הַשִּׁיבוּ, הַשֵּׁבְנָה.

ע״ו—ע״י

הָשֵׁב — לְהָשִׁיב

הוֶה : מֵשִׁיב, מְשִׁיבָה, מְשִׁיבִים, מְשִׁיבוֹת.

עָבָר : הֵשַׁבְתִּי (הֲשִׁיבוֹתִי וְגַם הֱשִׁיבוֹתִי), הֵשַׁבְתָּ, הֵשַׁבְתְּ, הֵשִׁיב, הֵשִׁיבָה, הֵשַׁבְנוּ, הֲשַׁבְתֶּם, הֲשַׁבְתֶּן, הֵשִׁיבוּ.

עָתִיד: אָשִׁיב, תָּשִׁיב, תָּשִׁיבִי, יָשִׁיב, תָּשִׁיב, נָשִׁיב, תָּשִׁיבוּ, תָּשֵׁבְנָה, יָשִׁיבוּ, תָּשֵׁבְנָה.

צַוּוּי : הָשֵׁב, הָשִׁיבִי, הָשִׁיבוּ, הָשֵׁבְנָה.

כְּפוּלִים—ע״ע

הָסֵב — לְהָסֵב

הוֶה : מֵסֵב, מְסִבָּה, מְסִבִּים, מְסִבּוֹת.

עָבָר : הֲסִבּוֹתִי, הֲסִבּוֹתָ, הֲסִבּוֹת, הֵסֵב (הֵסַב), הֵסֵבָּה, הֲסִבּוֹנוּ, הֲסִבּוֹתֶם, הֲסִבּוֹתֶן, הֵסֵבּוּ (הֵסַבּוּ).

עָתִיד: אָסֵב, תָּסֵב, תָּסֵבִּי, יָסֵב, תָּסֵב, נָסֵב, תָּסֵבּוּ, תְּסִבֶּינָה, (תָּסֵבְנָה), יָסֵבּוּ, תְּסִבֶּינָה (תָּסֵבְנָה).

צִוּוּי : הָסֵב, הָסֵבִּי, הָסֵבּוּ, הֲסִבֶּינָה (הָסֵבְנָה).

1. הֲמִן הַסֶּלַע הַזֶּה נוֹצִיא לָכֶם מָיִם (במדבר כ׳, י׳).

Are we to *bring* you *forth* water of this rock?

2. הָקִיצוּ וְרַנְּנוּ שׁוֹכְנֵי עָפָר (ישעיהו כ״ו, י״ט).

Awake and sing, ye that dwell in the dust.

3. יוֹסִיף דַּעַת יוֹסִיף מַכְאוֹב (קהלת א׳, י״ח).

He that *increaseth* knowledge increaseth sorrow.

4. לֹא יוֹעִיל הוֹן בְּיוֹם עֶבְרָה (משלי י״א, ד׳).

Riches *profit* not in the day of wrath.

5. מַעֲנֶה רַךְ יָשִׁיב חֵמָה (משלי ט״ו, א׳).

A soft answer *turneth away* wrath.

6. צְדָקָה תַּצִּיל מִמָּוֶת (משלי י׳, ב׳).

Righteousness *delivereth* from death.

7. אַל תָּדִין אֶת חֲבֵרְךָ עַד שֶׁתַּגִּיעַ לִמְקוֹמוֹ (אבות ב׳ ד׳).

Judge not thy fellow until thou art come to his place.

1. The lost ו reappears as a vowel : מוֹשִׁיב, הוֹשִׁיב (See part II, lesson 16).

2. The few and infrequent pure פ״י verbs follow the pattern of הֵיטֵב.

3. The student should pay attention to the following peculiarities of the given verbs:

   a. The פ״ו and פ״י verbs are easily recognizable by the ו or י after the prefix : הֵיטֵב, הוֹרֵד, הוֹשֵׁב.

   b. The פ״נ — by its daghesh in the second root-letter and by the preceding פַּתַּח or חִרִיק: הַצֵּל, הַפֵּל, הַשֵּׁב הִפִּיל, הִשִּׁיב.

   c. The ע״י—ע״ו—by the קָמַץ or צֵירֶה under the prefix: אָשִׁיב—מֵשִׁיב.

תַּרְגִּילִים

א. הַשְׁלֵם:

1. הָאִישׁ הַזֶּה (הוצא) הַרְבֵּה כֶּסֶף בַּשָּׁנָה שֶׁעָבְרָה. 2. כַּאֲשֶׁר אֲנִי (הבט) בְּעַד הַחַלּוֹן, אֲנִי רוֹאֶה אֶת הָאֲנָשִׁים בָּרְחוֹב. 3. מֵהַיּוֹם וָהָלְאָה (התחל) לַעֲשׂוֹת אֶת הָעֲבוֹדָה. 4. הָאָב (התר) אֶתְמוֹל לִבְנוֹ לְשַׂחֵק בָּרְחוֹב. 5. הַיֶּלֶד הָיָה שׁוֹבָב וְהַמּוֹרֶה (הוצא) אוֹתוֹ מִן הַחֶדֶר. 6. הַתַּלְמִיד הַטּוֹב (הכן) יוֹם יוֹם אֶת שִׁעוּרָיו. 7. הַמּוֹרֶה אָמַר לַתַּלְמִיד, שֶׁאִם לֹא (הכן) אֶת שִׁעוּרָיו יְקַבֵּל צִיּוּן (mark) רַע. 8. (הבט), יְלָדִים, וּרְאוּ אֶת הַתְּמוּנָה הַיָּפָה. 9. אִמָּא (הכן) אֲרוּחָה טוֹבָה בַּשַּׁבָּת הַבָּאָה. 10. כְּשֶׁיָּשׁוּב הָאִישׁ, (השב) לִי אֶת הַכֶּסֶף שֶׁלָּקַח מִמֶּנִּי.

ב. הַשְׁלֵם לְפִי הַדֻּגְמָה:

	עָבָר	הֹוֶה	עָתִיד		עָבָר	הֹוֶה	עָתִיד
	הִפִּיל	מַפִּיל	יַפִּיל				
1.	הִלְבַּשְׁתִּי	....	....	6.	הוֹצֵאתָ	....	....
2.	הִתְחַלְתִּי	....	....	7.	הֲבִינוֹתָ	....	....
3.	הִסְתִּיר	....	....	8.	הִבַּטְתְּ	....	....
4.	הֶחְבִּיא	....	....	9.	הִתַּרְתָּ	....	....
5.	הִשְׁכִּים	....	....	10.	הוֹשִׁיבָה	....	....

ג. תַּרְגֵּם לְעִבְרִית:

1. Mother is preparing a very good meal today. 2. I began to play and was suddenly frightened. 3. He allowed him to go outside. 4. She remained home. 5. Return the book. 6. He withdrew all his money from the bank (בַּנְק). 7. It is very difficult to understand this book. 8. Boys, do you understand this lesson? 9. No one spoke to him, no one told him stories. 10. I looked at him.

שִׁעוּר עֶשְׂרִים וּשְׁנַיִם

Lesson Twenty-Two

הִפְעִיל

ל״א

הַמְצֵא — לְהַמְצִיא

הֹוֶה : מַמְצִיא, מַמְצִיאָה, מַמְצִיאִים, מַמְצִיאוֹת.

עָבָר : הִמְצֵאתִי, הִמְצֵאתָ, הִמְצֵאת, הִמְצִיא, הִמְצִיאָה, הִמְצֵאנוּ, הִמְצֵאתֶם, הִמְצֵאתֶן, הִמְצִיאוּ.

עָתִיד: אַמְצִיא, תַּמְצִיא, תַּמְצִיאִי, יַמְצִיא...תַּמְצֶאנָה, וכו׳.

צִוּוּי : הַמְצֵא, הַמְצִיאִי, הַמְצִיאוּ, הַמְצֶאנָה.

ל״ה

הַשְׁקֵה — לְהַשְׁקוֹת

הֹוֶה : מַשְׁקֶה, מַשְׁקָה, מַשְׁקִים, מַשְׁקוֹת.

עָבָר : הִשְׁקֵיתִי (הִשְׁקִיתִי, וכו׳), הִשְׁקֵיתָ, הִשְׁקֵית, הִשְׁקָה, הִשְׁקְתָה, הִשְׁקִינוּ, הִשְׁקֵיתֶם, הִשְׁקֵיתֶן, הִשְׁקוּ.

עָתִיד: אַשְׁקֶה, תַּשְׁקֶה, תַּשְׁקִי, יַשְׁקֶה, תַּשְׁקֶה, נַשְׁקֶה, תַּשְׁקוּ, תַּשְׁקֶינָה, יַשְׁקוּ, תַּשְׁקֶינָה.

צִוּוּי : הַשְׁקֵה, הַשְׁקִי, הַשְׁקוּ, הַשְׁקֶינָה.

ע״ו—ל״א

הָבֵא – לְהָבִיא

הֹוֶה : מֵבִיא, מְבִיאָה, מְבִיאִים, מְבִיאוֹת.

עָבָר : הֵבֵאתִי, הֵבֵאתָ, הֵבֵאת, הֵבִיא, הֵבִיאָה, הֵבֵאנוּ, הֲבֵאתֶם, הֲבֵאתֶן, הֵבִיאוּ.

עָתִיד : אָבִיא, תָּבִיא...תָּבֵאנָה (תְּבִיאֶינָה וְגַם תָּבֶאנָה).

צִוּוּי : הָבֵא, הָבִיאִי, הָבִיאוּ, הָבֵאנָה.

הַרְאֵה – לְהַרְאוֹת

הֹוֶה : מַרְאֶה, מַרְאָה, מַרְאִים, מַרְאוֹת.

עָבָר : הֶרְאֵיתִי, הֶרְאֵיתָ, הֶרְאֵית, וכו׳.

עָתִיד : אַרְאֶה, תַּרְאֶה, וכו׳.

צִוּוּי : הַרְאֵה, הַרְאִי, הַרְאוּ, הַרְאֶינָה.

1. אִם שֹׂנַאֲךָ צָמֵא, הַשְׁקֵהוּ מָיִם (משלי כ״ה, כ״א).

If thine enemy be thirsty, *give him* water *to drink*.

2. אַל תַּסְתֵּר פָּנֶיךָ מִמֶּנִּי בְּיוֹם צַר לִי, הַטֵּה אֵלַי אָזְנֶךָ. (תהלים ק״ב, ג׳).

Hide not thy face from me in the day of my distress; *incline* thine ear unto me.

3. גַּם כִּי יַזְקִין לֹא יָסוּר מִמֶּנָּה (משלי כ״ב, ו׳).

Even when *he is old*, he will not depart from it.

4. כָּל הַמַּרְבֶּה דְבָרִים מֵבִיא חֵטְא (אבות א׳).

He that *multiplies* words *brings* sin.

5. אַל תַּרְבֶּה שִׂיחָה עִם הָאִשָּׁה (אבות א׳).

Talk *not much* with womankind.

6. מַרְבֶּה נְכָסִים מַרְבֶּה דְאָגָה (אבות א׳).

He that *increaseth* possessions increaseth worries.

1. The ל״ה — ל״א verbs follow the general pattern of these verbs in the other בִּנְיָנִים.

2. הֶרְאָה belongs to the verbs which take the סֶגּוֹל in the prefix ה of the past tense.

3. The verb הֵבִיא presents a verb having the deficiencies of both the ע״ו and ל״א.

תַּרְגִּילִים

א. הַתְאֵם:

1. יָצָאתִי 2. הוֹצֵאתִי 3. יָצְאָה 4. הֶאֱכִילָה 5. אָכְלָה 6. בָּאתִי
7. הֵבֵאתִי 8. רָאִיתִי 9. הֶרְאֵיתִי 10. אַרְאֶה 11. אֶרְאֶה; 12. אֵרָאֶה.

I shall show; I shall be seen; I bought; she ate; I took out; I went out; she fed; I came; I shall see; I saw; I was shown; she went out; I showed.

ב. הַשְׁלֵם בְּהִפְעִיל לְפִי הַדֻּגְמָה:

לָבַשְׁתִּי הִלְבַּשְׁתִּי

1. עָבַדְתִּי	....	8. נָבוֹא	....
2. אֶעֱבֹד	....	9. מָצְאָה	....
3. יוֹצֵא	....	10. תִּמְצָא	....
4. יָצָאתִי	....	11. קְנִיתֶם	....
5. אֵצֵא	....	12. קָנוּ	....
6. בָּא	....	13. רָאִינוּ	....
7. בָּאנוּ	....	14. נִרְאֶה	....

ג. נַתֵּחַ לְפִי הַדֻּגְמָה:

הַפֹּעַל	שֹׁרֶשׁ	מָקוֹר	גִּזְרָה	בִּנְיָן	זְמַן
הִלְבַּשְׁתִּי	לבשׁ	הַלְבֵּשׁ	שְׁלֵמִים	הִפְעִיל	עָבָר
1. נִבְהַלְתִּי	....	....	....	....	....

2. הוֹצִיאָה
3. שׁוֹתִים
4. מַתִּיר
5. אַתְחִיל
6. בִּקַּשְׁתִּי
7. אַבִּיט
8. רְחָמָה
9. מְסַפֵּר
10. תַּרְאֶה

שִׁעוּר עֶשְׂרִים וּשְׁלֹשָׁה

Lesson Twenty-Three

הִפְעִיל

הִלְבֵּן – לְהַלְבִּין

הֹוֶה : מַלְבִּין, מַלְבִּינָה, וכו׳.

עָבָר : הִלְבַּנְתִּי, הִלְבַּנְתָּ, וכו׳.

עָתִיד : אַלְבִּין, תַּלְבִּין, תַּלְבִּינִי, וכו׳.

צִוּוּי : הַלְבֵּן, הַלְבִּינִי, וכו׳.

Some verbs which designate a change in the state of the subject may be expressed by the הִפְעִיל : הִלְבִּין — *became white*; הִזְקִין — *became old*, etc. This form is often used in Mishnaic Hebrew. In modern Hebrew this form is largely used in poetry or descriptive prose.

תַּרְגִּילִים

א. הַשְׁלֵם לְפִי הַדֻּגְמָה :

	עָבָר	עָתִיד	הֹוֶה
הַשְּׂעָרוֹת לְבָנוֹת	הַשְּׂעָרוֹת הִלְבִּינוּ	תַּלְבֵּנָּה	מַלְבִּינוֹת
1. הַפָּנִים חִוְּרִים	הַפָּנִים	....	....
2. הָאֲדָמָה שְׁחוֹרָה	הָאֲדָמָה	....	....
3. הָאִישׁ רָחוֹק	הָאִישׁ	....	....

4. הָאִשָּׁה זְקֵנָה הָאִשָּׁה ....

5. הַשָּׁמַיִם אֲפֹרִים הַשָּׁמַיִם ....

6. הַפָּנִים קוֹדְרִים הַפָּנִים ....

7. הַפֵּרוֹת בְּשֵׁלִים (ripe) הַפֵּרוֹת ....

8. הַלְּחָיַיִם (cheeks) אֲדֻמּוֹת הַלְּחָיַיִם ....

9. הַשָּׁמַיִם חֲשֵׁכִים (dark) הַשָּׁמַיִם ....

10. הַשֵּׂעָר צָהֹב הַשֵּׂעָר ....

ב. תַּרְגֵּם לְעִבְרִית:

1. His hair became white. 2. The boy was seen from afar. 3. He showed him the way home. 4. I shall work tomorrow. 5. I shall employ thirty men. 6. He looked at the house and saw how beautiful it was. 7. We shall begin our work today. 8. I came to the house and brought my friend with me. 9. We put on our clothes. 10. We dressed the children.

שִׁעוּר עֶשְׂרִים וְאַרְבָּעָה

Lesson Twenty-Four

הָפְעַל וְהֻפְעַל

שְׁלֵמִים: הָלְבֵּשׁ—הֻלְבַּשׁ

הֹוֶה: מָלְבָּשׁ, מָלְבֶּשֶׁת (מָלְבָּשָׁה), מָלְבָּשִׁים, מָלְבָּשׁוֹת (מֻלְבָּשׁ, וכו׳).

עָבָר: הָלְבַּשְׁתִּי, הָלְבַּשְׁתָּ, הָלְבַּשְׁתְּ, הָלְבַּשׁ, הָלְבְּשָׁה, הָלְבַּשְׁנוּ, הָלְבַּשְׁתֶּם, הָלְבַּשְׁתֶּן, הָלְבְּשׁוּ (הֻלְבַּשְׁתִּי, וכו׳).

עָתִיד: אָלְבַּשׁ, תָּלְבַּשׁ, תָּלְבְּשִׁי, יָלְבַּשׁ, תָּלְבַּשׁ, נָלְבַּשׁ, תָּלְבְּשׁוּ, תָּלְבַּשְׁנָה, יָלְבְּשׁוּ, תָּלְבַּשְׁנָה (אֻלְבַּשׁ, וכו׳).

פ׳ גְּרוֹנִית: הָעֳבַר: — הֹוֶה: מָעֳבָר, מָעֳבֶרֶת (מָעֳבָרָה) מָעֳבָרִים, מָעֳבָרוֹת.

עָבָר: הָעֳבַרְתִּי, הָעֳבַרְתָּ, וכו׳.

עָתִיד: אָעֳבַר, תָּעֳבַר, וכו׳.

פ״נ: הֻגַּשׁ: — הֹוֶה: מֻגָּשׁ, מֻגֶּשֶׁת, וכו׳.

עָבָר: הֻגַּשְׁתִּי, הֻגַּשְׁתָּ, וכו׳.

עָתִיד: אֻגַּשׁ, תֻּגַּשׁ, וכו׳.

פ״י: הוּרַד: — הֹוֶה: מוּרָד, מוּרֶדֶת (מוּרָדָה), מוּרָדִים, מוּרָדוֹת.

עָבָר: הוּרַדְתִּי, הוּרַדְתָּ, הוּרַדְתְּ, וכו׳.

עָתִיד: אוּרַד, תּוּרַד, תּוּרְדִי, וכו׳.

ע״י : מוּבָן, מוּבֶנֶת (מוּבָנָה), מוּבָנִים, מוּבָנוֹת.

ע״ו : מוּכָן, מוּכֶנֶת (מוּכָנָה), מוּכָנִים, מוּכָנוֹת.

ל״א : הוֶֹה : מוּצָא, מוּצֵאת (מוּצָאָה), מוּצָאִים, מוּצָאוֹת.

ל״ה : מָרְאֶה, מָרְאֵית (מָרְאָה), מָרְאִים, מָרְאוֹת.

כְּפוּלִים: מוּסָב, מוּסֶבֶת (מוּסַבָּה), מוּסַבִּים, מוּסַבּוֹת.

1. הַיֶּלֶד יְלֻבַּשׁ עַל יְדֵי אִמּוֹ. The child *will be dressed* by his mother.

2. בֵּית הַמִּקְדָּשׁ הָחֳרַב עַל יְדֵי הַבַּבְלִים.
The temple *was destroyed* by the Babylonians.

3. הַבָּשָׂר יֻגַּשׁ תֵּיכֶף. The meat *will be served* immediately.

4. אֲנִי מֻכְרָח לָלֶכֶת. *I must* go.

1. Functions of the הָפְעַל (or הֻפְעַל):

   The הָפְעַל is the passive of the הִפְעִיל and their relation is the same as between the פִּעֵל and the פֻּעַל.

2. Structure of the הָפְעַל:

   a. Like the הִפְעִיל its basic characteristic is a preceding ה or its vowel-substitute.

   b. In modern Hebrew this form is used mostly as a הֻפְעַל (See paradigm). Still, whenever the form of הָפְעַל is known to the student he should not change it.

   c. It should be noted that the קָמַץ in the prefix is a קָמַץ קָטָן and should be pronounced like a short o.

   d. The ע״ו — ע״י verbs follow the פ״י verbs closely, and the ע״ע deviate only slightly, as illustrated.

3. In current usage the הֻפְעַל (הָפְעַל) is avoided in the past and future tenses, and, like the פֻּעַל, it has been retained mainly in the present tense, where it is used as a noun or an adjective. For illustration we give here some of the most frequently used forms of הָפְעַל (הֻפְעַל):

מוּזָר	strange	מֻגְבָּל	limited	מוּסָר	morals
מֻסְמָךְ	ordained	מֻמְחֶה	specialist	מֻסְכָּם	conventional
מֻצְדָּק	justified	מֻשָּׂג	conception	מֻפְשָׁט	abstract
		מֻרְכָּב	compound	מֻשְׁלָם	accomplished

In unvocalized writing the שׁוּרֶק replaces the קִבּוּץ: מובהק, מוצדק, etc.

תַּרְגִּילִים

א. נַקֵּד:

1. האשה הלבישה את הילד והילד מלבש. 2. התלמיד מכרח לעשות את העבודה, כי המורה מכריח אותו. 3. האם מגישה את האכל. 4. האכל הגש אל השלחן. 5. האיש לובש את הבגד ומלביש את הילד. 6. הילד מלבש על ידי האיש. 7. האיש הוריד את הילד מעל השלחן. 8. הילד הורד מעל השלחן.

ב. הַשְׁלֵם לְפִי הַדֻּגְמָה:

הִלְבַּשְׁתִּי — הֻלְבַּשְׁתִּי

1. הִגַּשְׁתִּי ....
2. מַגִּישׁ ....
3. הִכְרַחְתִּי ....
4. אַכְרִיחַ ....

5. הוֹצִיא ....
6. תַּחֲרִיבִי ....
7. הֶחֱרַבְתָּ ....
8. מוֹרִיד ....
9. הוֹרִיד ....
10. מַלְבִּישׁ ....

ג. תַּרְגֵּם לְעִבְרִית:

1. I compelled the boy to study. 2. The boy was compelled to study. 3. The Romans (הרומאים) exiled the Jews. 4. The Jews were exiled by the Romans. 5. The mother will dress her child. 6. The child will be dressed. 7. The girl will put on her coat. 8. The mother is serving the meal. 9. The meal is being served. 10. The meal will be served.

שִׁעוּר עֶשְׂרִים וַחֲמִשָּׁה

Lesson Twenty-Five

הִתְפַּעֵל

הִתְלַבֵּשׁ—לְהִתְלַבֵּשׁ

הֹוֶה : מִתְלַבֵּשׁ, מִתְלַבֶּשֶׁת, מִתְלַבְּשִׁים, מִתְלַבְּשׁוֹת.

עָבָר : הִתְלַבַּשְׁתִּי, הִתְלַבַּשְׁתָּ, הִתְלַבַּשְׁתְּ, הִתְלַבֵּשׁ, הִתְלַבְּשָׁה,
הִתְלַבַּשְׁנוּ, הִתְלַבַּשְׁתֶּם, הִתְלַבַּשְׁתֶּן, הִתְלַבְּשׁוּ.

עָתִיד : אֶתְלַבֵּשׁ, תִּתְלַבֵּשׁ, תִּתְלַבְּשִׁי, יִתְלַבֵּשׁ, תִּתְלַבֵּשׁ, נִתְלַבֵּשׁ,
תִּתְלַבְּשׁוּ, תִּתְלַבֵּשְׁנָה, יִתְלַבְּשׁוּ, תִּתְלַבֵּשְׁנָה.

צִוּוּי : הִתְלַבֵּשׁ, הִתְלַבְּשִׁי, הִתְלַבְּשׁוּ, הִתְלַבֵּשְׁנָה.

הִתְפָּאֵר—לְהִתְפָּאֵר

הֹוֶה : מִתְפָּאֵר, מִתְפָּאֶרֶת, וכו'.

עָבָר : הִתְפָּאַרְתִּי, הִתְפָּאַרְתָּ, וכו'.

עָתִיד : אֶתְפָּאֵר, תִּתְפָּאֵר, וכו'.

צִוּוּי : הִתְפָּאֵר, וכו'.

פ' הַפֹּעַל—ס, שׁ, ד, ט, ז, צ

שמש : הִשְׁתַּמֵּשׁ, לְהִשְׁתַּמֵּשׁ; סדר : הִסְתַּדֵּר, לְהִסְתַּדֵּר; צדק : הִצְטַדֵּק, לְהִצְטַדֵּק; זקן : הִזְדַּקֵּן, לְהִזְדַּקֵּן; טהר : הִטַּהֵר, לְהִטַּהֵר.

הִתְקַבֵּל, לְהִתְקַבֵּל; נִתְקַבַּלְתִּי, נִתְקַבַּלְתָּ, נִתְקַבַּלְתְּ, נִתְקַבֵּל, נִתְקַבְּלָה, וכו'.

1. אַל תִּתְהַלֵּל בְּיוֹם מָחָר (משלי כ"ז, א'). *Boast not* of tomorrow.

2. הֲיִתְפָּאֵר הַגַּרְזֶן עַל הַחֹצֵב בּוֹ? (ישעיה י', ט"ו).
Should the axe *boast itself* against him that heweth therewith?

3. הַמִּשְׂתַּכֵּר מִשְׂתַּכֵּר אֶל צְרוֹר נָקוּב (חגי א', ו').
He that *earneth* something, *earneth it* for a bag with holes.

4 אַל תִּסְתַּכֵּל בְּקַנְקַן אֶלָּא בְּמַה שֶּׁיֵּשׁ בּוֹ (אבות ד').
Do not look at the jar but at what it contains.

5. בַּכֹּל אָדָם מִתְקַנֵּא חוּץ מִבְּנוֹ וְתַלְמִידוֹ (סנהדרין ק"ה).
A man *is envious* of everybody except of his son and student.

6. בְּמָקוֹם שֶׁאֵין אֲנָשִׁים הִשְׁתַּדֵּל לִהְיוֹת אִישׁ (אבות ב', ה').
Where there are no men, *endeavor* to be a man.

7. כְּלָבִים, כְּשֶׁאֶחָד נוֹבֵחַ, כֻּלָּם מִתְקַבְּצִים וְנוֹבְחִים עַל חִנָּם.
(שמות רבה).
When one dog barks, all others *gather* and bark in vain.

A. The functions of the הִתְפַּעֵל (נִתְפַּעֵל):

1. The הִתְפַּעֵל (נִתְפַּעֵל) is essentially reflexive.

2. Like the other בִּנְיָנִים it may also have some other minor functions:

a. reciprocal : הִתְאַבֵּק *wrestled with*

b. passive : נִתְקַבֵּל *was received*

c. pretense : הִתְחַלָּה *pretended to be ill*

d. simple active : הִתְפַּלֵּל *prayed*

3. Some grammarians draw subtle distinctions between the הִתְפַּעֵל and the נִתְפַּעֵל:

a. The נִתְפַּעֵל is closer to the נִפְעַל.

b. The action of the נִתְפַּעֵל is purely accidental while the הִתְפַּעֵל represents planned action.

These distinctions, however, are seldom observed.

B. Structure of the הִתְפַּעֵל (נִתְפַּעֵל):

1. Its basic structural characteristic is the addition of the הִתְ (נִתְ) to the פִּעֵל.

2. Whenever the first root-letters are שׁ, ס, the prefix ת changes places with the first root-letter: הִתְסַדֵּר—סַדֵּר הִסְתַּדֵּר; שַׁמֵּשׁ—הִתְשַׁמֵּשׁ—הִשְׁתַּמֵּשׁ, and pronunciation is thus made easier.

3. For the same reason a double change takes place whenever the first root-letters are צ ,ז : הִתְזַיֵּן—זַיֵּן הִזְתַּיֵּן — הִזְדַּיֵּן; צַדֵּק — הִתְצַדֵּק — הִצְתַּדֵּק — הִצְטַדֵּק (The ט and ד are harder consonants), and thus the words become easier to pronounce.

4. Whenever ט ,ד occur in the first root-letter, the prefix is generally assimilated in the following consonant: טַהֵר—הִתְטַהֵר—הִטַּהֵר.

5. The structural differences between הִתְפַּעֵל and נִתְפַּעֵל occur only in the past tense.

תַּרְגִּילִים

א. הַשְׁלֵם אֶת הַמִּשְׁפָּטִים:

1. בְּנֵי הַבַּיִת קָמוּ בַּבֹּקֶר וּ(התרחץ). 2. הַנַּעֲרָה הַצְּעִירָה (התפאר). 3. לִכְתִיבַת תַּרְגִּילִים אֲנַחְנוּ (השתמש) יוֹם יוֹם בְּמַחְבָּרוֹת. 4. כַּאֲשֶׁר יָצְאוּ הַתַּלְמִידִים מִן הַחֶדֶר (הסתדר) בְּשׁוּרָה. 5. הַתַּלְמִיד הַטּוֹב (התקבל) בַּשָּׁנָה הַבָּאָה. 6. הַנְּעָרִים (הצטדק) וְאוֹמְרִים שֶׁלֹּא עָשׂוּ רָע. 7. בַּיָּמִים הַנּוֹרָאִים כָּל אִישׁ חָפֵץ (הטהר) מֵחֲטָאָיו. 8. הָאָב אָמַר אֶל בְּנוֹ: „לֵךְ (התפלל) בְּבֵית הַכְּנֶסֶת". 9. הַתַּלְמִידִים (התלבש) אַחֲרֵי הַשִּׁעוּר וְיָצְאוּ מִן הַחֶדֶר. 10. מִי הוּא הָאִישׁ (התהלך) עַכְשָׁו בָּרְחוֹב הֵנָּה וָהֵנָּה?

ב. הֲפֹךְ אֶת הַפְּעָלִים לְהִתְפַּעֵל לְפִי הַדֻּגְמָה:

1. פֵּאֵר—הִתְפָּאֵר 2. בִּקֵּשׁ...... 3. גִּדֵּל...... 4. סִפֵּר......

5. גֵּרֵשׁ........ 6. רִגֵּל........ 7. פִּתַּח........ 8. חִבֵּק........

9. שִׁמֵּשׁ....... 10. סִדֵּר....... 11. צִעֵר....... 12. קִבֵּל.......

13. בִּשֵּׁל...... 14. סִפֵּק...... 15. בֵּרֵךְ......

שִׁעוּר עֶשְׂרִים וְשִׁשָּׁה

Lesson Twenty-Six

הִתְפַּעֵל—פְּעָלֵי ל״א

הִתְחַבֵּא—לְהִתְחַבֵּא

הֹוֶה : מִתְחַבֵּא, מִתְחַבֵּאת (מִתְחַבְּאָה), מִתְחַבְּאִים, מִתְחַבְּאוֹת.

עָבָר : הִתְחַבֵּאתִי, הִתְחַבֵּאתָ, הִתְחַבֵּאת, הִתְחַבֵּא, הִתְחַבְּאָה,
הִתְחַבֵּאנוּ, הִתְחַבֵּאתֶם, הִתְחַבֵּאתֶן, הִתְחַבְּאוּ.

עָתִיד: אֶתְחַבֵּא, תִּתְחַבֵּא, תִּתְחַבְּאִי, יִתְחַבֵּא, תִּתְחַבֵּא, נִתְחַבֵּא,
תִּתְחַבְּאוּ, תִּתְחַבֶּאנָה, יִתְחַבְּאוּ, תִּתְחַבֶּאנָה.

צִוּוּי : הִתְחַבֵּא, הִתְחַבְּאִי, הִתְחַבְּאוּ, הִתְחַבֶּאנָה.

פְּעָלֵי ל״ה

הִשְׁתַּנֵּה—לְהִשְׁתַּנּוֹת

הֹוֶה : מִשְׁתַּנֶּה, מִשְׁתַּנָּה (מִשְׁתַּנֵּית), מִשְׁתַּנִּים, מִשְׁתַּנּוֹת.

עָבָר : הִשְׁתַּנֵּיתִי, הִשְׁתַּנֵּיתָ (הִשְׁתַּנִּיתָ), הִשְׁתַּנֵּית (הִשְׁתַּנִּית), הִשְׁתַּנָּה,
הִשְׁתַּנְּתָה, הִשְׁתַּנִּינוּ (הִשְׁתַּנֵּינוּ), וכו׳.

עָתִיד: אֶשְׁתַּנֶּה, תִּשְׁתַּנֶּה, תִּשְׁתַּנִּי, יִשְׁתַּנֶּה, תִּשְׁתַּנֶּה, נִשְׁתַּנֶּה, תִּשְׁתַּנּוּ,
תִּשְׁתַּנֶּינָה, יִשְׁתַּנּוּ, תִּשְׁתַּנֶּינָה.

צִוּוּי : הִשְׁתַּנֵּה, הִשְׁתַּנִּי, הִשְׁתַּנּוּ, הִשְׁתַּנֶּינָה.

כְּפוּלִים, ע״ו וע״י

הִסְתּוֹבֵב—לְהִסְתּוֹבֵב

הֹוֶה : מִסְתּוֹבֵב, מִסְתּוֹבֶבֶת, מִסְתּוֹבְבִים, מִסְתּוֹבְבוֹת (מִתְכּוֹנֵן, וכו׳).

עָבָר : הִסְתּוֹבַבְתִּי, הִסְתּוֹבַבְתָּ, הִסְתּוֹבַבְתְּ, וכו׳ (הִתְכּוֹנַנְתִּי, וכו׳).

עָתִיד : אֶסְתּוֹבֵב, תִּסְתּוֹבֵב, תִּסְתּוֹבְבִי, יִסְתּוֹבֵב, וכו׳ (אֶתְכּוֹנֵן, וכו׳).

צִוּוּי : הִסְתּוֹבֵב, הִסְתּוֹבְבִי, הִסְתּוֹבְבוּ, הִסְתּוֹבֵבְנָה (הִתְכּוֹנֵן, וכו׳).

1. גַּם מִתְרַפֶּה בִמְלַאכְתּוֹ אָח הוּא לְבַעַל מַשְׁחִית (משלי י״ח, ט׳).

Even one that *is slack* in his work is brother to him that is a destroyer.

2. גַּם בְּמַעֲלָלָיו יִתְנַכֶּר נָעַר (משלי כ׳, י״א).

Even a child *is known* by his doings.

3. לְפֹתֶה שְׂפָתָיו לֹא תִתְעָרָב (משלי כ׳, י״ט).

Meddle not with him that openeth wide his lips.

4. מַה יִּתְאוֹנֵן אָדָם חָי (איכה ג׳, ל״ט).

Wherefore doth a living man *complain* ?

5. אַל תְּהִי צַדִּיק הַרְבֵּה וְאַל תִּתְחַכַּם יוֹתֵר (קהלת ז׳, ט״ז).

Be not righteous overmuch; neither *make thyself overwise*.

תַּרְגִּילִים

א. נַקֵּד:

הילד מתחבא. האיש החביא את הכסף. התלמיד התפאר שיודע את שעורו. רחצתי את פני. קמתי בבקר והתרחצתי. התפללתי בבית הכנסת. שנו פניך וכלך נשתנית. הנער הכה את חברו.

ב. הַתְאֵם אֶת הַפְּעָלִים הַבָּאִים:

1. הִתְפַּלְּלוּ 2. רָחַץ 3. הֶחְבֵּאתִי 4. יְשַׁנֶּה 5. הִתְפָּאֵר

6. הִתְרַחֵץ 7. סִדְּרוּ 8. הִסְתַּדְּרוּ 9. הִתְחַבֵּאתִי 10. יִשָּׁנֶה.

He will change (trans.), he will change (intr.), I hid (reflex.), I hid (trans.), he boasted, he washed (trans.), he washed (reflex.), they organized (trans.), they organized (reflex.), they prayed.

ג. תַּרְגֵּם לְעִבְרִית.

1. to count 2. to tell ‚3. to dress (someone) 4. to dress oneself 5. to put on clothes 6. to receive 7. to be received (accepted) 8. to wash (something) 9. to wash (oneself) 10. to go (somewhere) 11. to go to and fro 12. to hide (something) 13. to hide oneself 14. to pray 15. to use 16. to boast.

שִׁעוּר עֶשְׂרִים וְשִׁבְעָה

Lesson Twenty-Seven

פְּעָלִים מְרֻבָּעִים

פִּעֵל

קִלְקֵל — לְקַלְקֵל

הֹוֶה : מְקַלְקֵל, מְקַלְקֶלֶת, מְקַלְקְלִים, מְקַלְקְלוֹת.

עָבָר : קִלְקַלְתִּי, קִלְקַלְתָּ, קִלְקַלְתְּ, קִלְקֵל, קִלְקְלָה, קִלְקַלְנוּ,
קִלְקַלְתֶּם, קִלְקַלְתֶּן, קִלְקְלוּ.

עָתִיד : אֲקַלְקֵל, תְּקַלְקֵל, תְּקַלְקְלִי, יְקַלְקֵל, תְּקַלְקֵל, נְקַלְקֵל, תְּקַלְקְלוּ,
תְּקַלְקֵלְנָה, יְקַלְקְלוּ, תְּקַלְקֵלְנָה.

צִוּוּי : קַלְקֵל, קַלְקְלִי, קַלְקְלוּ, קַלְקֵלְנָה.

פֻּעַל

קֻלְקַל

הֹוֶה : מְקֻלְקָל, מְקֻלְקֶלֶת, מְקֻלְקָלִים, מְקֻלְקָלוֹת.

עָבָר : קֻלְקַלְתִּי, קֻלְקַלְתָּ, קֻלְקַלְתְּ, קֻלְקַל, וכו׳.

עָתִיד : אֲקֻלְקַל, תְּקֻלְקַל, תְּקֻלְקְלִי, וכו׳.

הִתְפַּעֵל

הִתְקַלְקֵל — לְהִתְקַלְקֵל

הֹוֶה : מִתְקַלְקֵל, מִתְקַלְקֶלֶת, מִתְקַלְקְלִים, מִתְקַלְקְלוֹת.

עָבָר : הִתְקַלְקַלְתִּי, הִתְקַלְקַלְתָּ, הִתְקַלְקַלְתְּ, הִתְקַלְקֵל, וכו׳.

עָתִיד : אֶתְקַלְקֵל, תִּתְקַלְקֵל, תִּתְקַלְקְלִי, יִתְקַלְקֵל, וכו'.

צִוּוּי : הִתְקַלְקֵל, הִתְקַלְקְלִי, הִתְקַלְקְלוּ, הִתְקַלְקֵלְנָה.

The bell *is ringing.*	1. הַפַּעֲמוֹן מְצַלְצֵל.
The birds *chirped.*	2. הַצִּפֳּרִים צִפְצְפוּ.
The student *translates* the exercises.	3. הַתַּלְמִיד מְתַרְגֵּם אֶת הַתַּרְגִּילִים.
The clock *is spoiled.*	4. הַשָּׁעוֹן מְקֻלְקָל.
I am going *to telephone* your father.	5. אֲנִי הוֹלֵךְ לְטַלְפֵּן לְאָבִיךָ.
This book *interests* me.	6. הַסֵּפֶר הַזֶּה מְעַנְיֵן אוֹתִי.
I am interested in the book.	7. אֲנִי מְעֻנְיָן בַּסֵּפֶר.
This man *is interested* in such books.	8. הָאִישׁ הַזֶּה מִתְעַנְיֵן בִּסְפָרִים כָּאֵלֶּה.

1. The Hebrew roots are assumed to be triliteral. There are, however, some secondary and foreign formations which have introduced the quadriliteral (and very seldom even quinquiliteral) roots. The most frequent among them are the following:

a. Verbs developed from their triliteral counterparts by repetition of some root-letters: גִּלְגֵּל from גָּלַל—*to roll;* צִלְצֵל from צָלַל—*to ring.*

b. Verbs derived by imitation of natural phenomena: צִפְצֵף—*to chirp;* פִּטְפֵּט—*to chatter.*

c. Verbs developed from quadriliteral nouns: עִנְיָן — *to*

interest (עִנְיָן—*interest*).

d. Adaptations from foreign languages: טִלְפֵּן — *to telephone;* טִלְגְּרֵף—*to telegraph.*

2. The conjugation of the quadriliteral verbs is quite simple. These verbs have no irregularities and occur only in three בִּנְיָנִים: פִּעֵל, פֻּעַל, הִתְפַּעֵל. The most frequently used is the פִּעֵל, the least frequently used is the פֻּעַל.

תַּרְגִּילִים

א. תַּרְגֵּם לְאַנְגְּלִית:

1. קָשֶׁה לְפַרְנֵס מִשְׁפָּחָה בַּיָּמִים אֵלֶּה, וְלַאֲנָשִׁים רַבִּים אֵין פַּרְנָסָה. 2. הַצִּפֳּרִים מְצַפְצְפוֹת וְשָׁרוֹת, וְיָפֶה וְנָעִים הַצִּפְצוּף שֶׁלָּהֶן. 3. הָאִישׁ תִּרְגֵּם אֶת הַסֵּפֶר הָעִבְרִי לְאַנְגְּלִית, וְהַתִּרְגּוּם יָפֶה מְאֹד. 4. טִלְפַּנְתִּי לַחֲבֵרִי וְרָצִיתִי לְבַקֵּשׁ מִמֶּנּוּ שֶׁיָּבוֹא אֶל בֵּיתִי, אֲבָל הַטֶּלֶפוֹן נִתְקַלְקֵל וְלֹא יָכֹלְתִּי לְדַבֵּר אֵלָיו. 5. כְּשֶׁפַּעֲמוֹן בֵּית הַסֵּפֶר מְצַלְצֵל, שְׂמֵחִים כָּל הַתַּלְמִידִים וְהַמּוֹרִים. 6. בְּחַג הַפּוּרִים אִרְגֵּן הַנַּעַר אֶת יַלְדֵי הָרְחוֹב לְצַלְצֵל בַּפַּעֲמוֹנִים אֲשֶׁר אֵצֶל הַדְּלָתוֹת בַּבָּתִּים. 7. הַצִּלְצוּל לֹא נִשְׁמַע הַיּוֹם, כִּי קִלְקְלוּ הַנְּעָרִים אֶת הַפַּעֲמוֹן. 8. הַיַּלְדָּה לִכְלְכָה אֶת שִׂמְלָתָהּ, וְאִמָּהּ גָּעֲרָה בָּהּ. 9. הַנַּעַר מִתְעַנְיֵן בָּאֲוִירוֹנִים, אֲבָל אֵינוֹ מִתְעַנְיֵן בִּסְפָרִים. 10. טַלְפְּנִי מָחָר אֶל בֵּיתִי.

ב. תַּרְגֵּם לְעִבְרִית:

1. The bell will ring at two o'clock. 2. This translated book is very good. Read it and tell me the story. 3. Call up your father and ask him to come here and take you home. 4. The telephone will be spoiled if you play with it. 5. The people have organized, and now they have a strong organization. 6. The boy soiled his clothes and he is afraid that his father will scold him. 7. There are many English stories translated into Hebrew. 8. After the boy dressed himself, he went outside to play. 9. Spring has come, and the birds are again chirping and singing. 10. We have finished the study of the Hebrew verbs.

תַּרְגִּילֵי חֲזָרָה

ג. הַשְׁלֵם לְפִי הַדֻּגְמָה:

הֹוֶה	עָבָר	עָתִיד	הֹוֶה	עָבָר	עָתִיד
אֲנִי שׁוֹמֵר	שָׁמַרְתִּי	אֶשְׁמֹר	15. הֵם בּוֹכִים	......	......
אֲנִי מֻבְרָח	הֻבְרַחְתִּי	אֻבְרַח	16. אֲנִי סוֹבֵב	......	......
1. אֲנִי סוֹגֵר	......	......	17. אֲנִי מִתְגַּנֵּב	......	......
2. אַתָּה עוֹבֵר	......	......	18. אַתָּה מִשְׁתַּנֶּה	......	......
3. הִיא שׁוֹאֶלֶת	......	......	19. אַתֶּן מִתְחַבְּאוֹת	......	......
4. אַתְּ שׁוֹלַחַת	......	......	20. הֵם מִתְקַבְּלִים	.....	......
5. אַתָּה נִשְׁמָר	......	......	21. הוּא מְתַרְגֵּם	......	......
6. הוּא נִמְצָא	......	......	22. הִיא מְטַלְפֶּנֶת	......	......

7. אַתְּ מְסַפֶּרֶת .... 23. אַתֶּן מְבִיאוֹת ....

8. הִיא מְכַסָּה ...... 24. הֵם מְסַפְּרִים ....

9. אֲנַחְנוּ מַלְבִּישִׁים .... 25. אֲנִי מַשְׁלָךְ ....

10. אַתֶּם מוֹצְאִים .... 26. הוּא מִתְפַּלֵּל ....

11. אֲנַחְנוּ אוֹכְלִים .... 27. הֵן מְצַפְצְפוֹת ....

12. אַתֶּם יוֹשְׁבִים .... 28. הֵם מְאַרְגְּנִים ....

13. אַתֶּן נוֹפְלוֹת .... 29. הוּא מִגַּלְגֵּל ....

14. הֵן מוֹצְאוֹת .... 30. הִיא מְפַרְנֶסֶת ....

ד. נַתַּח אֶת הַפְּעָלִים לְפִי הַדֻּגְמָה:

פֹּעַל	שֹׁרֶשׁ	מָקוֹר	גִּזְרָה	בִּנְיָן	זְמַן
אֶתְחַבֵּא	ח ב א	הִתְחַבֵּא	ל״א	הִתְפַּעֵל	עָתִיד

1. אֶסְפֹּר 2. אֲסַפֵּר 3. אֶסְתַּפֵּר 4. אֶשְׁבֹּר 5. אֶשְׁתַּבֵּר 6. אֲשַׁבֵּר

7. נֵלֵךְ 8. נִתְהַלֵּךְ 9. תִּרְגֵּם 10. תִּרְגַּמְנוּ 11. אוֹשִׁיב 12. יָשִׁיב

13. יָשׁוּב 14. יִתְיַשֵּׁב 15. הִתְפַּלֵּל 16. אָסֹב 17. אֲסוֹבֵב 18. יִסְתּוֹבֵב

19. עָנָה 20. יִלְבַּשׁ.

שִׁעוּר עֶשְׂרִים וּשְׁמֹנָה

Lesson Twenty-Eight

Numbers — מִסְפָּרִים

א

זָכָר		נְקֵבָה		
אַחַד עָשָׂר		אַחַת עֶשְׂרֵה¹	יא	11
שְׁנֵים עָשָׂר		שְׁתֵּים עֶשְׂרֵה	יב	12
שְׁלֹשָׁה עָשָׂר		שְׁלֹשׁ עֶשְׂרֵה	יג	13
אַרְבָּעָה עָשָׂר		אַרְבַּע עֶשְׂרֵה	יד	14
חֲמִשָּׁה עָשָׂר		חֲמֵשׁ עֶשְׂרֵה²	טו	15
שִׁשָּׁה עָשָׂר		שֵׁשׁ עֶשְׂרֵה	טז	16
שִׁבְעָה עָשָׂר		שְׁבַע עֶשְׂרֵה	יז	17
שְׁמֹנָה עָשָׂר		שְׁמֹנֶה עֶשְׂרֵה	יח	18
תִּשְׁעָה עָשָׂר		תְּשַׁע עֶשְׂרֵה	יט	19
עֶשְׂרִים		עֶשְׂרִים	כ	20
עֶשְׂרִים וְאֶחָד		עֶשְׂרִים וְאַחַת	כא	21
עֶשְׂרִים וּשְׁנַיִם		עֶשְׂרִים וּשְׁתַּיִם	כב	22
עֶשְׂרִים וּשְׁלֹשָׁה		עֶשְׂרִים וְשָׁלֹשׁ	כג	23
עֶשְׂרִים וְאַרְבָּעָה		עֶשְׂרִים וְאַרְבַּע	כד	24

¹For numbers 1—10 see Part I, lesson 26.

²The numbers 15, 16 are traditionally designated by ט״ז, ט״ו, lest the numbers resemble the Divine name.

25	כה	עֶשְׂרִים וְחָמֵשׁ עֶשְׂרִים וַחֲמִשָּׁה
29	כט	עֶשְׂרִים וָתֵשַׁע עֶשְׂרִים וְתִשְׁעָה

זָכָר וּנְקֵבָה

30	ל	שְׁלֹשִׁים	200	ר	שְׁתֵּי מֵאוֹת, מָאתַיִם
40	מ	אַרְבָּעִים	300	ש	שְׁלֹשׁ מֵאוֹת
50	נ	חֲמִשִּׁים	400	ת	אַרְבַּע מֵאוֹת
60	ס	שִׁשִּׁים	1,000		אֶלֶף
70	ע	שִׁבְעִים	2,000		שְׁנֵי אֲלָפִים, אַלְפַּיִם
80	פ	שְׁמֹנִים	3,000		שְׁלֹשָׁה (שְׁלֹשֶׁת) אֲלָפִים
90	צ	תִּשְׁעִים	4,000		אַרְבָּעָה (אַרְבַּעַת) אֲלָפִים
100	ק	מֵאָה	10,000		עֲשָׂרָה (עֲשֶׂרֶת) אֲלָפִים

ב

1.	חֵצִי (חֲצִי)	חֲצָאִים	1/2	8.	שְׁבִיעִית	שְׁבִיעִיּוֹת	1/7
2.	שְׁלִישׁ (שָׁלִישׁ)	שְׁלִישִׁים	1/3	9.	שְׁמִינִית	שְׁמִינִיּוֹת	1/8
3.	שְׁלִישִׁית	שְׁלִישִׁיּוֹת	״	10.	תְּשִׁיעִית	תְּשִׁיעִיּוֹת	1/9
4.	רֶבַע (רֹבַע)	רְבָעִים	1/4	11.	עֲשִׂירִית	עֲשִׂירִיּוֹת	1/10
5.	רְבִיעִית	רְבִיעִיּוֹת	״	12.	הַחֵלֶק הָאַחַד עָשָׂר		1/11
6.	חֹמֶשׁ	חֲמָשִׁים	1/5	13.	הַחֵלֶק הָעֶשְׂרִים		1/20
7.	שִׁשִּׁית	שִׁשִּׁיּוֹת	1/6	14.	הַחֵלֶק הָאַרְבָּעִים		1/40

ג

1. שְׁנֵינוּ, שְׁנֵיכֶם, שְׁנֵיכֶן, שְׁנֵיהֶם, וכו׳   Both of us, both of you, etc.

The three of us, etc.   2. שְׁלָשְׁתֵּנוּ, שְׁלָשְׁתְּכֶם, שְׁלָשְׁתְּכֶן, שְׁלָשְׁתָּם, שְׁלָשְׁתָּן

The four of us, etc.   3. אַרְבַּעְתֵּנוּ, וכו׳

ד

Three hundred and ten boys   1. שְׁלֹשׁ מֵאוֹת וַעֲשָׂרָה נְעָרִים.

Three hundred and ten girls   2. שְׁלֹשׁ מֵאוֹת וְעֶשֶׂר נְעָרוֹת

Three hundred boys   3. שְׁלֹשׁ מֵאוֹת נְעָרִים

Three hundred girls   4. שְׁלֹשׁ מֵאוֹת נְעָרוֹת

She is eighteen years old   5. הִיא בַּת שְׁמֹנֶה עֶשְׂרֵה

He is eighteen years old   6. הוּא בֶּן שְׁמֹנֶה עֶשְׂרֵה

Twenty-five boys   7. עֶשְׂרִים וַחֲמִשָּׁה נְעָרִים

Twenty-five girls   8. עֶשְׂרִים וְחָמֵשׁ נְעָרוֹת

Nine years   9. תֵּשַׁע שָׁנִים

Eleven years   10. אַחַת עֶשְׂרֵה שָׁנָה
אַחַת עֶשְׂרֵה שָׁנִים

Seventy children   11. שִׁבְעִים יֶלֶד
שִׁבְעִים יְלָדִים

The thirtieth year   12. שְׁנַת הַשְּׁלֹשִׁים

The seventeenth day   13. הַיּוֹם הַשִּׁבְעָה עָשָׂר

The nineteenth century   14. הַמֵּאָה הַתְּשַׁע עֶשְׂרֵה

A half hour   15. חֲצִי שָׁעָה

One third of the bottle   16. שְׁלִישׁ הַבַּקְבּוּק

One quarter of a mile   17. רֶבַע הַמִּיל

One sixtieth   18. חֵלֶק הַשִּׁשִּׁים

Both of us went to the city — 19. שְׁנֵינוּ הָלַכְנוּ הָעִירָה

The three of them will come here — 20. שְׁלָשְׁתָּם יָבוֹאוּ הֵנָּה

1. Cardinal Numbers:

a. The cardinal numbers 11—19 are formed by placing the units before the number *ten*: עֶשְׂרֵה — feminine; עָשָׂר—masculine, as illustrated.

b. The numbers 20—100, when expressed in tens, are the same in both genders: עֶשְׂרִים יְלָדוֹת; עֶשְׂרִים יְלָדִים.

c. Numbers involving combinations of both tens and units (21, 22, etc.) may be formed either way: אֶחָד וְעֶשְׂרִים or עֶשְׂרִים וְאֶחָד. Modern Hebrew prefers the latter form (Ill. 7—8).

d. The nouns following the numbers from eleven upwards may be both singular and plural (Ill. 10—11).

2. Ordinal Numbers:

The ordinal numbers from eleven upwards have no special form, but are usually formed by the cardinal numbers preceded by the definite article: הַמֵּאָה הַתְּשַׁע עֶשְׂרֵה—*the nineteenth century* (Ill. 12—14).

3. Fractions:

In addition to the illustrated forms in ב, fractions may be expressed by using the word חֵלֶק (*part*) before the ordinal number: 1/9—חֵלֶק תְּשִׁיעִי; 1/10 — חֵלֶק עֲשִׂירִי.

4. Numbers 1—10 may be inflected as illustrated in ג—1, 2, 3. The numbers actually used in this form are only שְׁנֵינוּ: שְׁנַיִם, שְׁלֹשָׁה, אַרְבָּעָה, etc.

תַּרְגִּילִים

א. תַּרְגֵּם לְאַנְגְּלִית:

1. לְיַעֲקֹב הָיוּ שְׁנֵים עָשָׂר בָּנִים. 2. אֲנַחְנוּ חַיִּים עַכְשָׁו בַּמֵּאָה הָעֶשְׂרִים. 3. בְּנֵי יִשְׂרָאֵל גֹּרְשׁוּ מִסְּפָרַד (Spain) בִּשְׁנַת אֶלֶף אַרְבַּע מֵאוֹת תִּשְׁעִים וּשְׁתַּיִם. 4. הַמֶּלֶךְ אֲחַשְׁוֵרוֹשׁ מָלַךְ עַל שֶׁבַע וְעֶשְׂרִים וּמֵאָה מְדִינָה. 5. בַּשָּׁנָה שְׁלֹשׁ מֵאוֹת שִׁשִּׁים וַחֲמִשָּׁה יָמִים. 6. בִּנְיָמִין הָיָה הַבֵּן הַשְּׁנֵים עָשָׂר שֶׁל יַעֲקֹב. 7. הָאִישׁ הִשְׁאִיר אֶת שְׁלִישׁ כַּסְפּוֹ לִצְדָקָה, שִׁשִּׁית לְבָנָיו, וְאֶת הַחֵצִי לִבְנוֹתָיו. 8. שְׁלָשְׁתָּם הָלְכוּ אֶל הַמִּלְחָמָה וּשְׁנַיִם שָׁבוּ.

ב. תַּרְגֵּם לְעִבְרִית:

1. Columbus discovered (גִּלָּה) America in 1492. 2. Lincoln was born in 1809 and died in 1865. 3. Roosevelt is the thirty-second President of the United States. 4. There are twelve months in a year. 5. The man gave 1/4 of his money to his children, 1/4 to the university, 1/8 to his friends, and 3/8 to charity (צְדָקָה). 6. Both of us will go to Israel. 7. Life was better in the nineteenth century. 8. He is thirty-eight years old and she is twenty-nine years old. 9. He earns two thousand two hundred dollars a year.

שִׁעוּר עֶשְׂרִים וְתִשְׁעָה

Lesson Twenty-Nine

Years, Seasons, Months, etc.

1. The numerical value of the Hebrew letters (See lesson 28) is used to designate years of the Jewish calendar, paging of books, and some popular phrases.

   In the Hebrew calendar the years are counted from the Creation. For example, the year 5,705 would be ה׳תש״ה, the first letter indicating the thousands. Ordinarily the thousands are omitted in the designation of years, and the year is popularly designated as תש״ה[1].

2. The following is the table of the Hebrew seasons and months:

AUTUMN — סְתָו		SPRING — אָבִיב	
September-October	תִּשְׁרֵי	March-April	נִיסָן
October-November	חֶשְׁוָן	April-May	אִיָּר
November-December	כִּסְלֵו	May-June	סִיוָן
WINTER — חֹרֶף		**SUMMER — קַיִץ**	
December-January	טֵבֵת	June-July	תַּמּוּז
January-February	שְׁבָט	July-August	אָב
February-March	אֲדָר	August-September	אֱלוּל

[1]In order to calculate the year and translate it into terms of the Common Era, add 1240 to the Hebrew year. Thus: ת״ח—408 plus 1240 = 1648; תש״ה—705 plus 1240 = 1945.

3. Once in three years an extra month is added after אֲדָר and it is designated אֲדָר ב', the preceding month being then called אדר א'.

There are 157 pages in the book.	1. בַּסֵּפֶר קנ"ז עַמּוּדִים.
He is very rich (Literally: he has 689,000).	2. יֵשׁ לוֹ תַּרְפַּ"ט אֲלָפִים.
He follows the 613 precepts of the Torah.	3. הוּא מְקַיֵּם תַּרְיַ"ג מִצְווֹת שֶׁבַּתּוֹרָה.
Bialik was born in the year of 1873.	4. בְּיַאלִיק נוֹלַד בִּשְׁנַת תרל"ג.
What time is it?	5. מָה הַשָּׁעָה?
At what time wil you come to me?	6. בְּאֵיזוֹ שָׁעָה תָּבוֹא אֵלַי?
I shall come at 2:50 p. m.	7. אָבוֹא בְּשָׁלֹשׁ פָּחוֹת עֶשֶׂר אַחֲרֵי הַצָּהֳרַיִם (אחה"צ).
It is now 3:15.	8. הַשָּׁעָה עַכְשָׁו שָׁלֹשׁ וָרֶבַע.
It is now 6:30.	9. עַכְשָׁו שֵׁשׁ וָחֵצִי.
10:45.	10. אַחַת עֶשְׂרֵה פָּחוֹת רֶבַע.
12:30	11. שְׁתֵּים עֶשְׂרֵה וָחֵצִי.
There are sixty seconds in a minute.	12. בַּדַּקָּה שִׁשִּׁים רֶגַע.

תַּרְגִּילִים

א. תַּרְגֵּם לְאַנְגְּלִית:

בַּשָּׁנָה יֵשׁ אַרְבַּע תְּקוּפוֹת. הַתְּקוּפָה הָרִאשׁוֹנָה הִיא תְּקוּפַת
הָאָבִיב, הַשְּׁנִיָּה תְּקוּפַת הַקַּיִץ, הַשְּׁלִישִׁית תְּקוּפַת הַסְּתָו וְהָרְבִיעִית
תְּקוּפַת הַחֹרֶף.

הַחֹדֶשׁ הָרִאשׁוֹן הוּא חֹדֶשׁ נִיסָן. הַשֵּׁנִי — אִיָּר, הַשְּׁלִישִׁי — סִיוָן, הָרְבִיעִי — תַּמּוּז, הַחֲמִישִׁי — אָב, הַשִּׁשִּׁי — אֱלוּל, הַשְּׁבִיעִי — תִּשְׁרֵי, הַשְּׁמִינִי — חֶשְׁוָן, הַתְּשִׁיעִי — כִּסְלֵו, הָעֲשִׂירִי — טֵבֵת, הָאַחַד עָשָׂר — שְׁבָט, הַשְּׁנֵים עָשָׂר — הוּא חֹדֶשׁ אֲדָר. בְּשָׁנָה מְעֻבֶּרֶת (leap-year) יֵשׁ אֲדָר א׳ וַאֲדָר ב׳.

בְּיוֹם חֲמִשָּׁה עָשָׂר לְחֹדֶשׁ נִיסָן מַתְחִיל חַג הַפֶּסַח. ל״ג בָּעֹמֶר חָל בְּחֹדֶשׁ אִיָּר. בַּיּוֹם הַשִּׁשִּׁי וּבַיּוֹם הַשְּׁבִיעִי בְּסִיוָן חוֹגְגִים אֶת חַג הַשָּׁבוּעוֹת. בַּיּוֹם הַתְּשִׁיעִי לְחֹדֶשׁ אָב (תִּשְׁעָה בְּאָב) חָרְבָה יְרוּשָׁלַיִם, נִשְׂרַף בֵּית הַמִּקְדָּשׁ, וְעַם יִשְׂרָאֵל גָּלָה מֵאַרְצוֹ—יוֹם צוֹם הוּא לְעַם יִשְׂרָאֵל. הָרִאשׁוֹן בְּתִשְׁרֵי הוּא רֹאשׁ הַשָּׁנָה, הָעֲשִׂירִי בְּתִשְׁרֵי הוּא יוֹם כִּפּוּר. בַּחֲמִשָּׁה עָשָׂר בְּתִשְׁרֵי חָל חַג הַסֻּכּוֹת וְיוֹם עֶשְׂרִים וּשְׁלֹשָׁה בְּתִשְׁרֵי הוּא יוֹם שִׂמְחַת תּוֹרָה. בְּיוֹם עֶשְׂרִים וַחֲמִשָּׁה לְחֹדֶשׁ כִּסְלֵו חָל חַג הַחֲנֻכָּה; יוֹם חֲמִשָּׁה עָשָׂר לְחֹדֶשׁ שְׁבָט הוּא רֹאשׁ הַשָּׁנָה לָאִילָנוֹת (ט״ו בִּשְׁבָט), וְאַרְבָּעָה עָשָׂר לְחֹדֶשׁ אֲדָר הוּא חַג הַפּוּרִים.

ב. הַשְׁלֵם לְפִי הַדֻּגְמָה:

365 יָמִים — שְׁלֹשׁ מֵאוֹת שִׁשִּׁים וַחֲמִשָּׁה — שס״ה.

1. 365 שָׁנִים 2. 1,165 יְלָדִים 3. 5,645 יְלָדוֹת 4. 500 בָּנִים

5. 1,500 בָּנוֹת 6. 1,300 בָּנִים 7. 225 בָּנוֹת 8. 435 אַחִים

9. 305 אֲחָיוֹת 10. 225 סְפָרִים 11. 225 מַחְבָּרוֹת 12. 315 אֲנָשִׁים

13. 116 נָשִׁים 14. 575 בַּחוּרִים 15. 683 בַּחוּרוֹת.

ג. תַּרְגֵּם לְעִבְרִית.

1. There are 7 days in a week, 30 days in a month, and 365 days in a year. 2. There are four seasons in a year: spring, summer, autumn, and winter. 3. I will come to see you Friday at 3:30 p. m. 4. The Jewish New Year is in the beginning of autumn. 5. He has not seen his friend for twenty-five years. 6. On the first day of the twenty-sixth year he met him in the street. 7. Washington's birthday (יוֹם הֻלֶּדֶת) falls on February 22. 8. He lives at 650—80th Street. 9. I worked with you three hours and fifteen minutes, and I left your house at a quarter past four. 10. The old man is seventy-four years old and his wife is sixty-nine years old.

שִׁעוּר שְׁלֹשִׁים

Lesson Thirty

Irregularities in Nouns

Many nouns in Hebrew do not follow the rules of gender endings. (See Vol. I, lesson 2). In this chapter the student will find a list of frequently used irregular nouns.

Irregular Singular — Feminine

spoon	כַּף	stone	אֶבֶן
tongue	לָשׁוֹן	country, land	אֶרֶץ
shoe	נַעַל	fire	אֵשׁ
soul	נֶפֶשׁ	well	בְּאֵר
city	עִיר	belly, abdomen	בֶּטֶן
time	פַּעַם	sword	חֶרֶב
bird	צִפּוֹר	glass, cup	כּוֹס

The nouns מָוֶת, בַּיִת, לַיְלָה are examples of masculine nouns with feminine endings, and רוּחַ, דֶּרֶךְ, שֶׁמֶשׁ are nouns which may be used in both genders. For other frequently used irregular nouns see Part I, lessons 2, 25.

Irregular Plural—Masculine

voice	קוֹל, קוֹלוֹת	week	שָׁבוּעַ, שָׁבוּעוֹת
dream	חֲלוֹם, חֲלוֹמוֹת	window	חַלּוֹן, חַלּוֹנוֹת
fowl, bird	עוֹף, עוֹפוֹת	wall	קִיר, קִירוֹת
night	לַיְלָה, לֵילוֹת	father, ancestor	אָב, אָבוֹת

light	אוֹר, אוֹרוֹת	table	שֻׁלְחָן, שֻׁלְחָנוֹת
chest, closet	אָרוֹן, אֲרוֹנוֹת	place	מָקוֹם, מְקוֹמוֹת
scent, odor	רֵיחַ, רֵיחוֹת	field (m & f)	שָׂדֶה, שָׂדוֹת
secret	סוֹד, סוֹדוֹת	street (m & f)	רְחוֹב, רְחוֹבוֹת

Irregular Plural — Feminine

city	עִיר, עָרִים	stone	אֶבֶן, אֲבָנִים
pearl	פְּנִינָה, פְּנִינִים	woman, wife	אִשָּׁה, נָשִׁים
time	פַּעַם, פְּעָמִים	egg	בֵּיצָה, בֵּיצִים
bird	צִפּוֹר, צִפֳּרִים	wheat	חִטָּה, חִטִּים
year	שָׁנָה, שָׁנִים	dove	יוֹנָה, יוֹנִים
fig	תְּאֵנָה, תְּאֵנִים	word	מִלָּה, מִלִּים

The following nouns appear in the plural only :

life	חַיִּים	water	מַיִם
scales	מֹאזְנַיִם	sky	שָׁמַיִם
trousers	מִכְנָסַיִם	face	פָּנִים
youth	נְעוּרִים	scissors	מִסְפָּרַיִם
compassion	רַחֲמִים	noon	צָהֳרַיִם

The following nouns have dual meanings. They resemble each other in the singular, but differ in the plural :

letter (alph.)	אוֹת, אוֹתִיּוֹת (נ)	sign	אוֹת, אוֹתוֹת (ז)
spoon	כַּף, כַּפּוֹת (נ)	palm	כַּף, כַּפַּיִם (נ)
end, edge	כָּנָף, כְּנָפוֹת (נ)	wing	כָּנָף, כְּנָפַיִם (נ)
tale	מַעֲשֶׂה, מַעֲשִׂיּוֹת	deed	מַעֲשֶׂה, מַעֲשִׂים (ז)
corner, fund	קֶרֶן, קְרָנוֹת (נ)	horn, ray	קֶרֶן, קַרְנַיִם (נ)

time, festival	רֶגֶל, רְגָלִים (נ)	foot	רֶגֶל, רַגְלַיִם (נ)
language	שָׂפָה, שָׂפוֹת (נ)	lip	שָׂפָה, שְׂפָתַיִם (נ)

תַּרְגִּילִים

א. כְּתֹב בְּרַבִּים וְהוֹסֵף תֹּאַר:

1. אֶרֶץ 2. פַּעַם 3. כּוֹס 4. לָשׁוֹן 5. עִיר 6. מִלָּה 7. שָׁבוּעַ
8. רְחוֹב 9. לַיְלָה 10. אוֹר.

ב. תַּרְגֵּם לְעִבְרִית

1. This water is cold; that water is warm. 2. The sky is far and high. 3. She has a beautiful face. 4. The birds have wings. 5. They come from the four corners of the earth. 6. In Europe (אֵירוֹפָּה) the people speak many languages. 7. There are twenty-two letters in the Hebrew alphabet. 8. Jerusalem and Damascus are ancient (עַתִּיק) cities. 9, The nights in Israel are cool and beautiful. 10. Many years have passed.

שִׁעוּר שְׁלֹשִׁים וְאֶחָד

Lesson Thirty-One

WAW CONSECUTIVE — ו' הַהִפּוּךְ

A. The Function and Structure of the Waw Consecutive :

In Biblical Hebrew, tenses were not strictly delineated. A flexible construction to aid in the indication of tenses is the *Waw Consecutive,* referred to in Hebrew as ו' הַהִפּוּךְ, *Waw Conversive.*

In describing a series of events in a continuous narration, this style uses the tenses of the verb in the following manner :

When past events are described, only the first verb is in the past; all the others are in the future tense prefixed by the Waw.

1. שִׁוַּעְתִּי אֵלֶיךָ וַתִּרְפָּאֵנִי (תהלים ל' ג').

1. I cried unto thee, and thou didst heal me.

2. וְהָאֱלֹהִים נִסָּה אֶת אַבְרָהָם וַיֹּאמֶר אֵלָיו (בראשית כ"ב, א'):

2. And God did prove Abraham and said unto him:

3. צַדִּיק מִצָּרָה נֶחֱלָץ, וַיָּבֹא רָשָׁע תַּחְתָּיו (משלי י"א, ח').

3. The righteous is delivered of trouble, and the wicked cometh in his stead.

Conversely, when future events are described, the verb in the first part of the sentence is in the future tense; all the others are in the past, prefixed by the Waw.

1. כִּי תִקְרַב אֶל עִיר לְהִלָּחֵם עָלֶיהָ, וְקָרָאתָ אֵלֶיהָ לְשָׁלוֹם (דברים כ', י').

1. When thou drawest nigh unto a city to fight against it, then proclaim peace unto it.

2. לֹא יָמוּשׁ סֵפֶר הַתּוֹרָה הַזֶּה מִפִּיךָ, וְהָגִיתָ בּוֹ יוֹמָם וָלַיְלָה (יהושע א׳, ח׳).

2. This book of the law shall not depart out of thy mouth, but thou shalt meditate therein day and night.

B. Vocalization :

The vocalization of the Waw Consecutive is as follows:

1. When the Waw is attached to a verb in the past tense, it is similar to the Waw Conjunction (See Part I, lesson 6).

Thy servant will go and fight עַבְדְּךָ יֵלֵךְ וְנִלְחַם

You will sit and write תֵּשְׁבוּ וּכְתַבְתֶּם

2. With the future tense, it is vocalized with a פַּתַח followed by a daghesh forte : וַיֹּאמֶר, וַתְּדַבֵּרוּ, but before an א it is vocalized וָ : וָאֶשְׁמֹר, וָאֲדַבֵּר.

C. Change of Accent :

The Waw Consecutive has the following effect on the accent :

1. When it is attached to a verb in the past tense, the accent is shifted forward to the last syllable[1]. This shifting of the accent seems to suggest a connection of the verb with what follows it : אָהַבְתָּ — וְאָהַבְתָּ.

2. In the future tense, the accent is retracted from the

---

[1]All the ל״ה verbs are exceptions to this rule : קָנִיתִי—וְקָנִיתִי; הָיִיתָ — וְהָיִיתָ; also the first person plural of all verbs remains intact without a change in accent: אָמַרְנוּ—וְאָמַרְנוּ; שָׁמַרְנוּ—וְשָׁמַרְנוּ.

last syllable to the penult when this latter syllable is open: יֹאמַר—וַיֹּאמֶר; יֵשֵׁב—וַיֵּשֶׁב. In a closed syllable it remains regular: יִשְׁמֹר—וַיִּשְׁמֹר; יְדַבֵּר—וַיְדַבֵּר.

תַּרְגִּילִים

א. קְרָא וְתַרְגֵּם:

1. וַיִּשְׁכַּב יַעֲקֹב בַּמָּקוֹם הַהוּא וַיַּחֲלֹם חֲלוֹם. 2. וַיֵּצֵא יַעֲקֹב מֵהֶחָדֶר וַיֵּלֶךְ לִרְאוֹת אֶת בְּנוֹ. 3. וַיֹּאמֶר אַבְרָהָם אֶל אֱלִיעֶזֶר עַבְדּוֹ: כִּי אֶל אַרְצִי תֵּלֵךְ וְלָקַחְתָּ אִשָּׁה לִבְנִי לְיִצְחָק. 4. וַיַּעֲשֶׂה הַמֶּלֶךְ שְׁלֹמֹה מִשְׁתֶּה (feast), וַיָּבוֹאוּ אֶל הַמִּשְׁתֶּה כָּל מַלְכֵי מִזְרָח וּמַעֲרָב. 5. וַיֹּאכְלוּ הָאוֹרְחִים וַיִּשְׁתּוּ וַיִּשְׂמְחוּ.

ב. כְּתֹב בְּלִי ו׳ הַהִפּוּךְ — לְמָשָׁל: וְשָׁמַרְתָּ - תִּשְׁמֹר

1. וַהֲלַכְתֶּם 2. וּשְׁמַרְתֶּם 3. וְשָׁמְרוּ 4. וַיֹּאמְרוּ 5. וַתֹּאמַרְנָה 6. וַנֹּאכַל 7. וַיֵּרֶד 8. וַיֵּשֶׁב 9. וַנִּשָּׁאֵר 10. וַנֵּלֶךְ 11. וַיֵּרְאוּ 12. וַתִּקְרָא 13. וַנִּקְנֶה 14. וָאֶכָּנֵם 15. וַיִּבְנוּ.

שִׁעוּר שְׁלֹשִׁים וּשְׁנַיִם

Lesson Thirty-Two

Inflected Verbal Nouns—שֵׁם הַפֹּעַל בְּכִנּוּיִים

1. The שֵׁם הַפֹּעַל may be inflected with pronominal suffixes, as given in the table below.

2. The ל״ה, ע״י, ע״ו verbal nouns, which require no basic vowel change in inflection, שׁוּבְךָ, שׁוּבִי; רְאוֹתְךָ, רְאוֹתִי, are the most frequently used in modern Hebrew; the פ״י verbal nouns, which follow the inflection of the segholates, שִׁבְתְּךָ, שִׁבְתִּי, etc., are used less frequently. The verbal nouns of the שְׁלֵמִים, because of the difficulty involved in their vowel-changes, are rarely used in their inflected forms.

3. The inflected שֵׁם הַפֹּעַל is used more often in the קַל than in the other בִּנְיָנִים.

1. גְּמֹר: גָּמְרִי, גָּמְרְךָ (גְּמָרְךָ), גָּמְרֵךְ, גָּמְרוֹ, גָּמְרָהּ, גָּמְרֵנוּ, גָּמְרְכֶם (גְּמָרְכֶם), גָּמְרְכֶן (גְּמָרְכֶן), גָּמְרָם, גָּמְרָן.

2. אֱכֹל (אֲכֹל): אָכְלִי, אָכְלְךָ (אֲכָלְךָ), אָכְלֵךְ, אָכְלוֹ, אָכְלָהּ, אָכְלֵנוּ, אָכְלְכֶם (אֲכָלְכֶם), אָכְלְכֶן (אֲכָלְכֶן), אָכְלָם, אָכְלָן.

3. שְׁאֹל: שָׁאֳלִי, שָׁאָלְךָ, שָׁאֳלֵךְ, שָׁאֳלוֹ, שָׁאֳלָהּ, וכו׳.

4. שְׁמֹעַ: שָׁמְעִי, שָׁמְעֲךָ, שָׁמְעֵךְ, שָׁמְעוֹ, שָׁמְעָהּ, וכו׳.

5. צֵאת: צֵאתִי, צֵאתְךָ, צֵאתֵךְ, צֵאתוֹ, צֵאתָהּ, וכו׳.

6. נְסֹעַ: נָסְעִי, נָסְעֲךָ, נָסְעֵךְ, נָסְעוֹ, נָסְעָהּ, וכו׳.

7. שׁוּב: שׁוּבִי, שׁוּבְךָ, שׁוּבֵךְ, שׁוּבוֹ, שׁוּבָהּ, וכו׳.

8. מְצֹא: מָצְאִי, מָצְאֲךָ, מָצְאֵךְ, מָצְאוֹ, מָצְאָהּ, וכו׳.

9. קְנוֹת: קְנוֹתִי, קְנוֹתְךָ, קְנוֹתֵךְ, קְנוֹתוֹ, קְנוֹתָהּ, וכו׳.

10. הִגָּמֵר: הִגָּמְרִי, הִגָּמֶרְךָ (הִגָּמֶרְךָ), הִגָּמְרֵךְ, הִגָּמְרוֹ, הִגָּמְרָהּ, וכו׳.

11. שַׁבֵּר: שַׁבְּרִי, שַׁבֶּרְךָ (שַׁבֶּרְךָ), שַׁבְּרֵךְ, שַׁבְּרוֹ, שַׁבְּרָהּ, וכו׳.

12. הַשְׁלֵךְ: הַשְׁלִיכִי, הַשְׁלִיכְךָ, הַשְׁלִיכֵךְ, הַשְׁלִיכוֹ, הַשְׁלִיכָהּ, וכו׳.

13. הִתְפַּלֵּל: הִתְפַּלְּלִי, הִתְפַּלֶּלְךָ, הִתְפַּלְּלֵךְ, הִתְפַּלְּלוֹ, הִתְפַּלְּלָהּ, וכו׳.

1. בְּשָׁמְרִי אֶת הַבַּיִת בָּא אֵלַי חֲבֵרִי.

While I was watching the house, my friend came to me.

2. לִפְנֵי שׁוּבִי הַבַּיְתָה אֶקְנֶה אֹכֶל.

Before returning home, I shall buy food.

3. בְּלֶכְתִּי הַבַּיְתָה פָּגַשְׁתִּי אֶת חֲבֵרִי.

W*hile going* home, I met my friend.

4. לִפְנֵי צֵאתְךָ מִבֵּיתְךָ תֹּאמַר שָׁלוֹם לְאָחִיךָ.

Before you go out of the house, you'll take leave of your brother.

5. אַחֲרֵי שׁוּבוֹ הַבַּיְתָה אָכַל אֲרוּחַת הָעֶרֶב.

After he returned home, he had supper.

6. לִפְנֵי לֶכְתִּי הַבַּיְתָה קָנִיתִי אֹכֶל.

Before I went home, I bought food.

7. בְּצֵאתְךָ מִבֵּיתְךָ תִּסְגֹּר אֶת הַדֶּלֶת.

When you leave the house, you will close the door.

8. בְּבוֹאוֹ אֶל הָעִיר יָצְאוּ חֲבֵרָיו לִקְרָאתוֹ.

W*hen he came* to the city, his friends went to greet him.

תַּרְגִּילִים

A. Change the following clauses and use the שֵׁם הַפֹּעַל as indicated :

כַּאֲשֶׁר שַׁבְתִּי הַבַּיְתָה — בְּשׁוּבִי הַבַּיְתָה

1. כַּאֲשֶׁר שָׁמַרְתִּי אֶת הַגַּן 2. בְּשָׁעָה שֶׁאֲנִי עוֹבֵד בַּבַּיִת 3. אַחֲרֵי שֶׁשָּׁמַעְתִּי אֶת דְּבָרָיו 4. כְּשֶׁיָּשַׁבְנוּ יַחַד 5. כְּשֶׁתֵּדַע אֶת הַשִּׁעוּר 6. כְּשֶׁנִּגַּשׁ אֶל שֻׁלְחָנִי 7. כְּשֶׁאֲנַחְנוּ שָׁרִים אֶת הַשִּׁירִים 8. כְּשֶׁאַתֶּם קוֹרְאִים אֶת הַסִּפּוּר 9. כְּשֶׁהַיֶּלֶד נִשְׁאָר בַּבַּיִת 10. כְּשֶׁהוּא מְסַפֵּר אֶת הַסִּפּוּרִים.

הַשְׁלֵם לְפִי הַדֻּגְמָה:

שָׁמְרִי, שָׁמְרְךָ (שָׁמְרֶךָ), שָׁמְרֵךְ, שָׁמְרוֹ, שָׁמְרָהּ, שָׁמְרֵנוּ, שָׁמְרְכֶם, שָׁמְרְכֶן, שָׁמְרָם, שָׁמְרָן.

1. עָבְדִי, עָבְדְךָ (עָבְדֶךָ), עָבְדֵךְ.... 2. שָׁאֳלִי.... 3. שָׁמְעִי....
4. שִׁבְתִּי.... 5. דַּעְתִּי.... 6. לֶכְתִּי.... 7. נָפְלִי.... 8. שִׁירִי....
9. תִּתִּי.... 10. קָרְאִי.... 11. בְּנוֹתִי.... 12. סַפְּרִי.... 13. הַלְבִּישִׁי....
14. הִתְלַבְּשִׁי.... 15. הִשָּׁמְרִי....

שִׁעוּר שְׁלֹשִׁים וּשְׁלֹשָׁה
Lesson Thirty-Three

Verbal Suffixes—הַפְּעָלִים בְּכִנּוּיִים

The direct object pronoun is usually expressed by the inflected form of the particle אֶת: He watches me — הוּא שׁוֹמֵר אוֹתִי.

The inflected particle is, however, occasionally omitted, and the object pronoun is expressed by a pronominal suffix attached to the verb:

הוּא שׁוֹמְרֵנִי — הוּא שׁוֹמֵר אוֹתִי

יִשְׁמְרֵנִי — יִשְׁמֹר אוֹתִי

These verbal pronominal suffixes closely resemble those of the inflected nouns. Obviously, these suffixes can be attached only to a transitive verb in the active voice. They appear therefore only with the קַל, פִּעֵל, הִפְעִיל.

Forms involving many inflectional changes are rarely used in modern Hebrew. The beginner, therefore, should not be required to possess active knowledge of all verbal suffixes.

הֹוֶה:

1. שׁוֹמֵר : שׁוֹמְרֵנִי, שׁוֹמֶרְךָ (שׁוֹמֶרְךָ), שׁוֹמְרֵךְ, שׁוֹמְרוֹ (שׁוֹמְרֵהוּ),
שׁוֹמְרָהּ, שׁוֹמְרֵנוּ, שׁוֹמֶרְכֶם, שׁוֹמֶרְכֶן, שׁוֹמְרָם, שׁוֹמְרָן.

2. שׁוֹמֶרֶת: שׁוֹמַרְתֵּנִי, שׁוֹמַרְתְּךָ, שׁוֹמַרְתֵּךְ, שׁוֹמַרְתּוֹ, שׁוֹמַרְתָּהּ,
שׁוֹמַרְתֵּנוּ, שׁוֹמַרְתְּכֶם, שׁוֹמַרְתְּכֶן, שׁוֹמַרְתָּם, שׁוֹמַרְתָּן.

עָבָר:

שָׁמַרְתִּי: שְׁמַרְתִּיךָ, שְׁמַרְתִּיךְ, שְׁמַרְתִּיו (שְׁמַרְתִּיהוּ), שְׁמַרְתִּיהָ,
שְׁמַרְתִּיכֶם, שְׁמַרְתִּיכֶן, שְׁמַרְתִּים, שְׁמַרְתִּין.

שָׁמַרְתָּ : שְׁמַרְתַּנִי, שְׁמַרְתּוֹ (שְׁמַרְתָּהוּ), שְׁמַרְתָּהּ, שְׁמַרְתָּנוּ,
שְׁמַרְתָּם—תָּן.

שָׁמַרְתְּ : שְׁמַרְתִּנִי, שְׁמַרְתִּיו (שְׁמַרְתִּיהוּ), שְׁמַרְתִּיהָ, שְׁמַרְתִּינוּ,
שְׁמַרְתִּים—תִּין.

שָׁמַר : שְׁמָרַנִי, שְׁמָרְךָ, שְׁמָרֵךְ, שְׁמָרוֹ (שְׁמָרָהוּ), שְׁמָרָהּ, שְׁמָרָנוּ,
שְׁמַרְכֶם—כֶן, שְׁמָרָם—רָן.

שָׁמְרָה : שְׁמָרַתְנִי, שְׁמָרַתְךָ, שְׁמָרָתֶךְ, שְׁמָרַתּוּ (שְׁמָרַתְהוּ),
שְׁמָרַתָּהּ, שְׁמָרַתְנוּ, שְׁמָרַתְכֶם—כֶן, שְׁמָרָתַם—תַן.

שָׁמַרְנוּ : שְׁמַרְנוּךָ, שְׁמַרְנוּךְ, שְׁמַרְנוּהוּ, שְׁמַרְנוּהָ, שְׁמַרְנוּכֶם—כֶן,
שְׁמַרְנוּם—נוּן.

שְׁמַרְתֶּם—תֶּן : שְׁמַרְתּוּנִי, שְׁמַרְתּוּהוּ, שְׁמַרְתּוּהָ, שְׁמַרְתּוּנוּ,
שְׁמַרְתּוּם—תּוּן.

שָׁמְרוּ : שְׁמָרוּנִי, שְׁמָרוּךָ, שְׁמָרוּךְ, שְׁמָרוּהוּ, שְׁמָרוּהָ, שְׁמָרוּכֶם—כֶן,
שְׁמָרוּם—רוּן.

עָתִיד:

אֶשְׁמֹר : אֶשְׁמָרְךָ (אֶשְׁמְרֶךָּ), אֶשְׁמְרֵךְ, אֶשְׁמְרֵהוּ (אֶשְׁמְרֶנּוּ),
אֶשְׁמְרֶנָּה (אֶשְׁמְרֶהָ), אֶשְׁמָרְכֶם—כֶן, אֶשְׁמְרֵם—רֵן.

אַתָּה תִּשְׁמֹר: תִּשְׁמְרֵנִי, תִּשְׁמְרֵהוּ (תִּשְׁמְרֶנּוּ), תִּשְׁמְרֶהָ (תִּשְׁמְרֶנָּה),
תִּשְׁמְרֵנוּ, תִּשְׁמְרֵם—רֵן.

תִּשְׁמְרִי : תִּשְׁמְרִינִי, תִּשְׁמְרִיהוּ, תִּשְׁמְרִיהָ, תִּשְׁמְרִינוּ, תִּשְׁמְרִים
—רִין.

יִשְׁמֹר : יִשְׁמְרֵנִי, יִשְׁמָרְךָ (יִשְׁמְרֶךָּ), יִשְׁמְרֵךְ, יִשְׁמְרֵהוּ (יִשְׁמְרֶנּוּ),
יִשְׁמְרֶהָ (יִשְׁמְרֶנָּה), יִשְׁמָרְכֶם—כֶן, יִשְׁמְרֵם—רֵן.

הִיא תִּשְׁמֹר : תִּשְׁמְרֵנִי, תִּשְׁמָרְךָ (תִּשְׁמְרֶךָּ), תִּשְׁמְרֵךְ, תִּשְׁמְרֵהוּ
(תִּשְׁמְרֶנּוּ), תִּשְׁמְרֶהָ (תִּשְׁמְרֶנָּה), תִּשְׁמְרֵנוּ, תִּשְׁמָרְכֶם
—כֶן, תִּשְׁמְרֵם—רֵן.

נִשְׁמֹר : נִשְׁמָרְךָ (נִשְׁמְרֶךָּ), נִשְׁמְרֵךְ, נִשְׁמְרֶנּוּ (נִשְׁמְרֵהוּ),
נִשְׁמְרֶהָ (נִשְׁמְרֶנָּה), נִשְׁמָרְכֶן—כֶן, נִשְׁמְרֵם—רֵן.

תִּשְׁמְרוּ : תִּשְׁמְרוּנִי, תִּשְׁמְרוּהוּ, תִּשְׁמְרוּהָ, תִּשְׁמְרוּנוּ, תִּשְׁמְרוּם
—רוּן.

תִּשְׁמֹרְנָה : תִּשְׁמְרוּנִי, תִּשְׁמְרוּהוּ, תִּשְׁמְרוּהָ, תִּשְׁמְרוּנוּ, תִּשְׁמְרוּם
—רוּן.

יִשְׁמְרוּ : יִשְׁמְרוּנִי, יִשְׁמְרוּךָ, יִשְׁמְרוּהוּ, יִשְׁמְרוּהָ,
יִשְׁמְרוּנוּ, יִשְׁמְרוּכֶם—כֶן, יִשְׁמְרוּם—רוּן.

צִוּוּי:

שְׁמֹר : שָׁמְרֵנִי, שָׁמְרֵהוּ, שָׁמְרָהּ (-רֶהָ-נָּה), שָׁמְרֵנוּ, שָׁמְרֵם—רֵן.

שִׁמְרִי : שִׁמְרִינִי, שִׁמְרִיהוּ, שִׁמְרִיהָ, שִׁמְרִים—רִין.

שִׁמְרוּ—שְׁמֹרְנָה : שִׁמְרוּנִי, שִׁמְרוּהוּ, שִׁמְרוּהָ, שִׁמְרוּנוּ, שִׁמְרוּם—רוּן.

א. תַּרְגֵּם לְאַנְגְּלִית:

1. שַׁלַּח לַחְמְךָ עַל פְּנֵי הַמָּיִם, כִּי בְרֹב הַיָּמִים תִּמְצָאֶנּוּ.
2. הַשְׁקִינִי נָא מְעַט מַיִם מִכַּדֵּךְ. 3. זָכְרֵנִי לְטוֹבָה. 4. שָׁמְעֵנִי נָא.
5. אִם תַּעַזְבֶנָּה יוֹם, יוֹמַיִם תַּעַזְבֶךָּ. 6. בִּקַּשְׁתִּיהוּ וְלֹא מְצָאתִיהוּ.

קְרָאתִיו וְלֹא עָנָנִי. 7. מְצָאוּנִי הַשּׁוֹמְרִים הַסּוֹבְבִים בָּעִיר. 8. מִי
יִתֶּנְךָ כְּאָח לִי. 9. יְהַלֶּלְךָ זָר וְלֹא פִּיךָ.

ב. הַשְׁלֵם לְפִי הַדֻּגְמָה: רוֹאֵנִי—רוֹאֶה אוֹתִי

1. שׁוֹלְחַנִי
2. רוֹאֵהוּ
3. רְאִיתִיהָ
4. אֲהַבְתִּיךָ
5. שְׁלַחְתִּיו
6. נֹאכְלֵהוּ
7. נְתָנוּנוּ
8. הִכְנַסְתִּיו
9. תַּעַזְבֵנִי
10. פְּגַשְׁתִּיו

שִׁעוּר שְׁלֹשִׁים וְאַרְבָּעָה

Lesson Thirty-Four

Changes in Endings of Words

A. Pausal Changes.

The *pause* in the Hebrew language is characterized by special stress laid on the tone syllable which often changes its vocalization. The more frequent changes may be classsified as follows:

1. A short accented vowel is lengthened :

הָלָכְתִּי — הָלַכְתִּי; מָיִם — מַיִם.

2. In the segholate nouns, where the short seghol is a modification of another primary short vowel (See Vol. I, lesson 22), it is the lengthened sound of that primary vowel that reappears. Thus אֶרֶץ becomes אָרֶץ (The primary form was אַרְצְ); חֶדֶר—חָדֶר, etc.

3. In verbs with a vocal shewa before the accent, יָכְלָה, חָפְצָה, the shewa reverts to its original tone-long vowel, and the accent is shifted: יָכֹלָה — יָכְלָה — יָכֹל; חָפֵצָה, חָפְצָה, חָפֵץ.

B. Addition and Omission of Letters.

I. Nouns :

The addition of the archaic accusative endings of ָה is used to express direction:

1. אֶל הַשָּׁמַיִם — הַשָּׁמַיְמָה

2. אֶל הַמִּזְרָח — מִזְרָחָה
3. אֶל הַבַּיִת — הַבַּיְתָה

II. Verbs:

1. Lengthened forms:

a. To express desire, emphasis, or effort, an extension of the future tense is used. It is generally used in the first person and is denoted by adding a ה to the future tense:

I shall keep—אֶשְׁמֹר; Let me keep—אֶשְׁמְרָה;
We shall go — נֵלֵךְ; Let us go — נֵלְכָה.

b. The same ending ה is added to the imperative masculine singular to give it emphasis:

קוּם — קוּמָה — Arise.

2. Shortened forms:

a. Along with the emphatic lengthened form of the verb there exists also an emphatic shortened form. It is used mostly in the second and third person, but sometimes (especially in ל״ה verbs) also in the first person.

b. In the שְׁלֵמִים of בִּנְיַן הִפְעִיל the emphatic form differs from the regular form in the future tense: יַשְׁלִיךְ—יַשְׁלֵךְ; יַלְבִּישׁ—יַלְבֵּשׁ. In the ע״ו, ע״י verbs there is also a change in the קַל: יָשִׂים — יָשֵׂם. The main changes, however, occur in the ל״ה verbs.

The shortened forms of the ל״ה verbs are particularly used with the imperative (including command and entreaty in the third person) and with the Waw Consecutive.

In the imperative we retract the tone from the final syllable in order to express the urgency of the command:

גַּל — גַּלֵּה; צַו — צַוֵּה

In words with the Waw Consecutive, the weight of the added Waw causes the retraction of the accent and the shortening of the word. Thus, when the accent of the word יִקְנֶה is thrown back in וַיִּקְנֶה, the open syllable נֶה remains without an accent, and we find an instance of a short vowel in an open unaccented syllable (See Introduction, pp. 12–13). The ה has therefore been withdrawn and וַיִּקְנֶה changed to וַיִּקְן. The Hebrew language, however, tends to eliminate two vowelless letters at the end of a word because of difficulty in pronunciation (See the segholites בֶּגֶד — בִּגְדְּ, יֶלֶד — יַלְדְּ, etc.), and וַיִּקְן similarly has changed to וַיִּקֶן, וַתִּבְן to וַתִּבֶן, etc.

3. The changes in vocalization vary and may be classified as follows:

a. In verbs which present no guttural or בגד כפת peculiarities, the ה is dropped, the seghol of the ע׳ הַפֹּעַל is transferred to the פ׳ הַפֹּעַל, and the prefix takes a חִירִיק:

יִקֶן—יִקְנֶה; תִּבֶן—תִּבְנֶה.

Others take a צֵירֶה under the prefixes אֵפֶן—אֶפְנֶה (like סֵפֶר—סִפְרְ)

b. If the פ׳ הַפֹּעַל is one of the gutturals ה, ח, ע, both the prefix and the פ׳ הַפֹּעַל generally take a פַּתַח:

יַחַץ—יֶחֱצֶה; תַּעַן—תַּעֲנֶה (similarly: נַעַר—נַעֲרְ).

c. If the ע׳ הַפֹּעַל is one of the guttural ה, ח, ע, the פ׳ הַפֹּעַל takes a פַּתַּח:

יֵמַח – יִמְחֶה; אֵתַע – אֶתְעֶה.

4. If the ע׳ הַפֹּעַל is one of the distinctly pronounced letters ב, ד, ט, כ, ת, both the פ׳ הפעל and the ע׳ הפעל take a shewa, and the prefixes take a חִרִיק or a צֵירֶה :

אֶבְכֶּה–אֵבְךְּ; יִשְׁתֶּה–יֵשְׁתְּ; יִשְׁבֶּה–יִשְׁבְּ.

5. The verbs הָיה and רָאה have some irregularities:

הָיה–אֱהִי, תְּהִי, יְהִי, נְהִי.

רָאה–אֵרֶא, תֵּרֶא, יֵרֶא (וַיַּרְא), נֵרֶא.

תַּרְגִּילִים

א. הַשְׁלֵם לְפִי הַדֻּגְמָה: יְחִי–יִחְיֶה

1. יִבֶן
2. וַיַּרְא
3. וַיְהִי
4. וַיֵּבְךְּ
5. וַיַּעַן
6. וַתַּעַל
7. וַיֵּשְׁתְּ
8. וַתְּהִי
9. יִמַח
10. וַיִּקֶן

ב. תַּרְגֵּם לְאַנְגְּלִית:

1. וַיִּבֶן הָאִישׁ בַּיִת וַיֵּשֶׁב בּוֹ. 2. וַיַּעַן דָּוִד וַיֹּאמֶר: בֶּן מָוֶת הוּא הָאִישׁ הָעוֹשֶׂה זֹאת. 3. וַיַּרְא הָאִישׁ כִּי כֻּלָּם נוֹסְעִים הָעִירָה וַיָּקָם גַּם הוּא וַיִּסַּע עִמָּהֶם. 4. אֵלְכָה וְאָשׁוּבָה אֶל אַרְצִי. 5. וַיִּשָּׂא שָׁאוּל קוֹלוֹ וַיֵּבְךְּ.

שִׁעוּר שְׁלֹשִׁים וַחֲמִשָּׁה

Lesson Thirty-Five

The Sentence — הַמִּשְׁפָּט

A. Agreement:

1. The predicate agrees with the subject in number and gender:

הַיֶּלֶד אוֹכֵל. הַיְלָדוֹת אוֹכְלוֹת.

2. When both the subject and the predicate are nouns, they may be of different genders. The pronoun, inserted in such cases as a copula, agrees with the subject:

הַסּוּס הוּא בְּהֵמָה. הַדָּם הוּא הַנֶּפֶשׁ.

3. A collective noun may be both plural and singular:

וַיַּאֲמֵן הָעָם. וַיִּרְאוּ הָעָם.

Modern Hebrew prefers the use of the singular.

4. When the subject consists of two nouns, one masculine and the other feminine, the predicate is in the masculine:

אַבְרָהָם וְשָׂרָה זְקֵנִים.

5. The third person masculine plural is ordinarily substituted for an indefinite subject (one, people, we, you):

בְּחַג הַפֶּסַח אוֹכְלִים מַצּוֹת.

B. Order of the sentence:

1. The order of the simple sentence in modern Hebrew s usually the same as in English: subject—predicate—object:

הָאִישׁ לוֹקֵחַ סֵפֶר. הָאִישׁ לָקַח אֶת הַסֵּפֶר.

2. In Biblical and Mishnaic Hebrew (and for change in emphasis in modern Hebrew) the predicate often precedes the subject:

סָגַר הַבַּיִת. וַיְכֻלּוּ הַשָּׁמַיִם. אָמַר רַבִּי עֲקִיבָא.

3. Generally, the Hebrew sentence is very flexible, and the order may vary with the change of emphasis :

הַנַּעַר לָקַח אֶת הַסֵּפֶר אֶתְמוֹל; אֶת הַסֵּפֶר לָקַח הַנַּעַר אֶתְמוֹל; אֶתְמוֹל לָקַח הַנַּעַר אֶת הַסֵּפֶר.

4. If a clause including a verb in the future or past tenses is preceded by an adverb, an adverbial conjunction, an adverbial phrase or subordinate clause, the subject is preceded by the predicate :

בַּבֹּקֶר בָּא חֲבֵרִי לִרְאוֹת אוֹתִי.

The accepted example for this important rule is the first sentence in Genesis: בְּרֵאשִׁית בָּרָא אֱלֹהִים.

The most frequent words and expressions which necessitate this inverted word order are: כַּאֲשֶׁר, לָכֵן, אֲשֶׁר, אָז בָּעֶרֶב, בַּבֹּקֶר, בַּצָּהֳרַיִם, הַיּוֹם, מָחָר, בַּשָּׁנָה שֶׁעָבְרָה, בַּשָּׁנָה הַבָּאָה, אֶתְמוֹל.

C. Direct and indirect objects:

1. The direct object usually precedes the indirect object: נָתַתִּי סֵפֶר לִשְׁמוּאֵל.

2. When the indirect object is a pronoun, it precedes the direct object: נָתַתִּי לוֹ סֵפֶר.

3. When there are two pronouns, direct and indirect, the direct object pronoun comes first: נָתַתִּי אוֹתוֹ לוֹ.

תַּרְגִּילִים

א. תַּרְגֵּם לְעִבְרִית:

1. I shall go to school. 2. Yesterday I went to school, but tomorrow I will stay home. 3. The sick girl is his daughter. 4. The mother gives the bread to her daughter. 5. Her mother gives her the bread. 6. The people of Israel went from place to place. 7. "It's a very pleasant day," said the little girl. 8. I shall come to your house in the afternoon, and the we shall go together to see our friend. 9. I shall give you the book and you will give it to him. 10. In the beginning God created the heaven and the earth.

שִׁעוּר שְׁלשִׁים וְשִׁשָּׁה

Lesson Thirty-Six

The Accent — הַנְּגִינָה

The Hebrew accent mostly falls on the last syllable of the word: דָּבָר, שׁוֹמֵר, שָׁמַר. In such cases it is called מִלְּרַע (below). Occasionally it falls on the syllable before the last: יֶלֶד, שָׁמַרְתִּי and is called מִלְּעֵיל (above).

A. The shewa, composite shewa, and furtive patah do not take the accent.

B. Nouns:

I. As previously explained, the segholate nouns originally had vowels with the first root-letters only: בֶּגֶד, יֶלֶד, סֵפֶר, and, naturally, those were the accented vowels. The accent remained on those letters in spite of subsequent vowel-modifications. We may therefore state as a general rule that *all* segholate nouns are מִלְּעֵיל, all others are מִלְּרַע.

II. It is, however, difficult for the beginner to determine all segholate nouns, and we shall formulate some rules based on the present forms of the words.

1. Nouns ending in a short vowel are מִלְּעֵיל with the following exceptions:

a. When the short vowel is preceded by a שְׁוָא נָח: בַּרְזֶל.

b. When the short vowel is followed by a ה: מוֹרֶה.

c. When the short vowel developed from a tone-long vowel: מוֹרֶה—מוֹרַת; דָּבָר—דְּבַר.

2. Nouns ending in long or tone-long vowels are מִלְרַע, except the segholates of the form of עֳנִי.

C. Verbs:

1. In verbs the accent is usually placed on the ע׳ הַפֹּעַל: שָׁמַרְתִּי, שָׁמַר.

2. If the ע׳ הַפֹּעַל has a shewa, the accent is removed to the following syllable: שָׁמְרוּ, שָׁמְרָה. When the shewa is changed into a vowel, the regular rule is observed: שָׁמָרָה.

3. In the ע״ו, ע״י, ע״ע words, where the ע׳ הַפֹּעַל is omitted, the accent is placed on the פ׳ הַפֹּעַל: קָמוּ. קַמְתִּי.

4. The present tense in Hebrew is essentially a participle and it therefore follows the rules of the nouns. The feminine singular in the present tense of the ע״ו, ע״י verbs is thus accented מִלְרַע: שָׁבָה (returning), unlike שָׁבָה (she returned).

5. If the ע״ו, ע״י, ע״ע verbs consist of three syllables, the accent is moved forward to the ל׳ הַפֹּעַל: קוֹמַמְתִּי and not קוֹמַמְתִּי, for the Hebrew accent is never placed on the third syllable from the end.

6. When a word accented מִלְעֵיל follows one that is accented מִלְרַע, there arises a euphonic difficulty, and at times the accent of the preceding word is moved back: מְשִׁיבַת נֶפֶשׁ becomes מְשִׁיבַת נֶפֶשׁ[1].

---

[1]For changes in accent in connection with the Waw Consecutive see lesson 31, p. 242.

D. Words with pronominal inflections:

When the pronominal inflection consists of a complete open syllable and the last letter of the stem of the word is vocalized, the accent is מִלְעֵיל: שָׂדֵהוּ; דְּבָרֶךָ, דְּבָרֵנוּ, שְׁמָרַנִי. In all other inflected words the accent is מִלְרַע: מוֹרִי, בְּנוֹ, בִּנְכֶן, שְׁמַרְתֶּם.

תַּרְגִּילִים

Place the accent on the following words:

1. הָלְכוּ, אֲנִי, אֳנִיָּה, תַּפּוּחַ, שָׁמָּה. לַיְלָה.

2. זַיִת, כֹּתֶל, אֹזֶן, בֶּגֶד, דָּבָר, דְּבַר, הָאִישׁ, תְּמוּנָה, תְּמוּנַת הָאִשָּׁה, רוֹעֶה, חֳלִי, נַתַּח אֶת הַפֹּעַל.

3. אָכַלְתִּי, אָכַל, אָכְלָה, שַׁבְתִּ, שַׁבְתָּ, שָׁבָה, הֱשִׁיבוֹתִי, הֱשִׁיבוֹתָ, מַחְכִּימַת פֶּתִי.

4. סוּסִי, סוּסוֹ, סוּסָהּ, רְדָפוֹ, רְדָפָם, מוֹרָהּ, מוֹרִי, מוֹרוֹ, סוּסְךָ, רְדָפְךָ, יַלְדֵיכֶם, קַרְנֵיכֶם, מוֹרֵיהֶם, תְּמוּנוֹתֵיהֶם.

5. מַלְכֵּנוּ, אֲכָלַנִי, זְכָרָנוּ, יִשְׁמְרֶנּוּ, יִשְׁמְרֵהוּ, רֵעֵהוּ, אָחִיהָ, יִשְׁלָחֶנּוּ.